एक आईना

SHOWING THE TRUTH

ललित शर्मा

क्रम-सूची

Ek Aaina : Showing The Truth

एक आईना : सत्य दिखा रहा है |

ललित शर्मा

Lalit Sharma

समर्पण (dedicated)

<u>Dedicated</u> (समर्पित)

"जिनसे जीवन के बहुत सारे पहलू सीखे यह पुस्तक उन्हें समर्पित |"

स्व. श्री बसन्तीलाल शर्मा

We Miss You Dadu

आपके हर अतुल्य मार्गदर्शन एवं सहयोग के लिए हृदय से आभारी हैं
|

❧❧❧

यह पुस्तक हमारी दादी माँ को भी समर्पित है|

समर्पण (DEDICATED)

श्रीमती बसन्ती देवी शर्मा

We Love You

Preface (प्रस्तावना)

मैं यानि ललित शर्मा, इस पुस्तक का लेखक भारत के एक बड़े राज्य उत्तर प्रदेश का निवासी हूँ| इस काव्य संग्रह पुस्तक को लिखने का उद्देश्य अपने जीवन से सीखे कुछ महत्वपूर्ण पक्षों एवं अनुभवों के आधार पर हमारे पाठकों तक सही मार्गदर्शन करने का है| एक कोशिश इस समाज और रूढ़िवादी सोच को प्रभावित करने की जो आज भी समाज के कुछ पहलुओं को गलत दिशा में ले जा रहे हैं| इन हल्की फुलकी कविताओं के जरिए एक प्रयास है उन सभी कठोर सत्य को उजागर किया जा सके ताकि हम जीवन के कई सारे निर्णयों के बारे मे पुनः सोच समझ सकें ताकि हम जीवन का मूल्य बेहतर ढंग से समझ सकें एवं मनुष्य के भीतरी मन में झांक कर उसे सत्य का आईना दिखाया जा सके| अपने जीवन के कुछ एसे ही कठिन समय से प्रेरित होकर इन काव्यों का निर्माण किया है| इस पुस्तक "एक आईना : सत्य दिखा रहा है|" के भीतर मैंने अपनी सबसे बेहतर कविताओं का संग्रह जोड़ा है और जीवन से जो भी सीख मिली है उसको कुछ साधारण एवं सटीक शब्दों में पिरोने की कोशिश की है| यह मेरी प्रथम पुस्तक है जिसे लिखने में मुझे लगभग 1 वर्ष का समय लगा, उम्मीद करते हैं की आपको यह काव्य संग्रह पसंद आएगा| यदि आपके अनुसार कोई त्रुटि पाई जाती है या शब्दों को और बेहतर तरीके से प्रयोग किया जा सकता है तो आपकी हर सलाह हृदय से स्वीकार करते हैं|

❧❧❧

I i.e. Lalit Sharma, the author of this book is a resident of Uttar Pradesh, a large state of India. The purpose of writing this poetry collection book is to give the right guidance to our readers on the basis of some important aspects and experiences learned from our life. An attempt to influence this society and the conservative thinking which is still taking some aspects of the society in the wrong direction. Through these light-hearted poems, an attempt is made to uncover all those harsh truths so that we can rethink about many decisions of life so that we can understand the value of life better and look into the inner mind of human, Show him the mirror of truth. Inspired by some such difficult times of life, I have written these poems. In this book "Ek Ainaa: Showing the Truth" Within I have added my best collection of poems and have tried to put all the lessons learned from life in simple and precise words. This is my first book which took me almost 1 year to write, hope you will like this poetry collection. If any error is found according to you or words can be used in a better way, then I accept your every advice wholeheartedly.

Acknowledgement (पावती)

एक किताब लिखना जितना मैंने सोचा था उससे कहीं ज्यादा कठिन है और जितना मैंने कभी सोचा था उससे कहीं ज्यादा फायदेमंद एवं मजेदार भी है। यह कार्य आसानी से संभव हो पाया है इसका श्रेय मेरे कुछ समर्थक और शुभचिंतकों को भी जाता है | मैं अपने हृदय से धन्यवाद करता हूँ :

मेरे छोटे भाई **अरुण शर्मा** को जिन्होंने मेरी पुस्तक के कुछ भाग को टाइप करने में मदद की और उनके सहयोग से ही समय की बचत करना संभव हो पाया|

मेरे प्रिय मित्र **विष्णु चौधरी** को जिन्होंने मेरी लिखित कविताओं से त्रुटियाँ या शब्दों का प्रयोग और अच्छे ढंग से केसे किया जाए इस बारे में अवगत करवाया|

मेरे अन्य प्रिय मित्र नसीम मलिक को भी श्रेय जाता है जिन्होंने मेरी कविताओं को सुनकर सही एवं सत्य प्रतिक्रिया देकर उसमे सुधार करने को प्रेरित किया|

मेरी पुस्तक आप तक पहुचने के पीछे का श्रेय हमारे सम्मानित प्रकाशन संस्था को जाता है|

एवं अन्य सभी लोगों को भी धन्यवाद करता हूँ जिन्होंने अलग अलग तरह से प्रेरित किया|

अंतिम शुक्रिया मैं उस **सर्वश्रेष्ठ ईश्वर** को जिसने इस जीवन को प्रदान कर अनुभवों का भंडार दिया|

Writing a book is harder than I imagined and more rewarding and fun than I ever imagined. This work has been easily possible, the credit for this also goes to some of my supporters and well-wishers. I thank from the bottom of my heart:

To my younger brother Arun Sharma who helped me to type some part of my book and it was only with his support that it was possible to save time.

To my dear friend **Vishnu Choudhary**, who made me aware about the errors or words in my written poems and how to use them in a better way.

Credit also goes to my other dear friend **Naseem Malik**, who listened to my poems and inspired them to improve by giving correct and truthful feedback.

The credit behind reaching my book to you goes to our respected publishing house.

And thank you to all the other people who inspired me in different ways.

Last thank you to **the supreme God** who gave me this life and gave me a wealth of experiences.

Vishnu Chaudhary

Arun Sharma

THANK YOU

Naseem Malik

Namah Shivay

सहायक-प्रस्ताव (hint)

इस पुस्तक को महसूस करने के लिए स्वयं को शब्दों से जोड़कर एवं
अपने जीवन की सभी परिस्थितियों से तुलना करके पढिए |
इस पुस्तक को साधारण भाषा में लिखने का एकमात्र उद्देश्य है की
पाठक स्वयं के अनुसार कविताओं की व्याख्या कर समझ सके |
Read this book by connecting yourself to words and
comparing yourself to all situations in your life to get a feel
for it.
The sole purpose of writing this book in simple language
is that the reader can understand and interpret the poems
according to himself.

ॐ नमः शिवाय

1. उम्मीद का हाथ

जब सब हार जाओ, जब सब खो जाए,
जब खाली हों हाथ, जब साथ ना दे किस्मत |
जब टूटने लगे हर ख्वाब, जब कोई न हो साथ,
उस पल थामलो उम्मीद का हाथ |
{Jab sab haar jao, jab sab kho jae,
Jab khaalee ho haath, jab saath na de kismat
Jab tootne lage har khwaab, jab koi na ho saath,
Uss pal thaamlo ummeed ka haath}

जब धुंधला हो रास्ता, जब तोड दे हर कोई वास्ता,
जब होने लगो तुम खाक, जब उड़ने लगे तुम्हारी राख |
जब कोई न हो पास, जब साथ छोड़ दे हर आस,
उस पल थामलो उम्मीद का हाथ |
{Jab dhundhla ho raasta, jab tod de har koi vaasta,
Jab hone lago tum khaak, jab udne lage tumhari raakh
Jab koi na ho paas, jab saath chhod de har aas,
Uss pal thaamlo ummeed ka haath}

जब धैर्य टूटने लगे, जब हालात हों बेकाबू,
जब काबिलियत पर हो शक, जब पास न हो कोई हक |
जब टूटे हर भाग्य का तारा, जब बचा न हो सहारा,
उस पल थामलो उम्मीद का हाथ |

एक आईना

{Jab dhairya tootne lage, jab haalaat ho bekaaboo,
Jab kaabiliyat par ho shakk, jab paas na ho koi hakk
Jab toote har bhaagya ka taara, jab bacha na ho
sahaara,
Uss pal thaamlo ummeed ka haath}

❧❧❧

जब मिटने लगे हस्ती, जब डूबने लगे जीवन कश्ती,
जब विलुप्त हो जाए धन, जब अशांत हो तेरा मन |
जब रूठे हर अपना, जब तुम भूल जो हर सपना,
उस पल थामलो उम्मीद का हाथ |
{Jab mitne lage hastee, jab doobne lage jeevan
kashtee,
Jab vilupt ho jaye dhann, jab ashaant ho tera mann
Jab roothey har apna, jab tum bhool jao har sapna,
Uss pal thaamlo ummeed ka haath}

❧❧❧

जब आघात हो चरित्र पर, जब संदेह पनपे मित्र पर,
जब साहस का पहिया धसने लगे, जब समाज तुझपर हंसने लगे |
जब हर ओर होने लगे अनिष्ठ, जब फरेब करे घनिष्ठ,
उस पल थामलो उम्मीद का हाथ |
{Jab aaghaat ho charitra par, jab sandeh panpe mitra
par,
Jab saahas ka pahiya dhasne lage, jab samaaj tujhpar
hasne lage
Jab har or hone lage anishth, jab fareb kare
ghanishth,
Uss pal thaamlo ummeed ka haath}

❦❦❦

जब हर द्वार हो जाए बंद, जब छाया हो हर ओर काला धुंध,
जब कष्ट पड़े विकट, जब भय हो तेरे निकट |
जब भ्रमित करे तुझे माया, जब कमजोर पड़े काया,
उस पल थामलो उम्मीद का हाथ |

{Jab har dvaar ho jaye band, jab chhaaya ho har or kaala dhundh,

Jab kasht pade vikat, jab bhay ho tere nikat

Jab bhramit kare tujhe maaya, jab kamajor pade kaaya,

Uss pal thaamlo ummeed ka haath}

❦❦❦

जब ठंडा पड़े जोश, जब काबू में ना हो होश,
जब इच्छाशक्ति पड़े कमजोर, जब शस्त्रों में ना हो जोर |
जब तुम दौड़ो कुक्ष से भूँखे, जब नयन नीर भी सूखे,
उस पल थामलो उम्मीद का हाथ |

{Jab thanda pade josh, jab kaaboo mein na ho hosh,

Jab ichchhaashakti pade kamzor, jab shastron mein na ho zor

Jab tum daudo kuksh se bhoonkhe, jab nayan neer bhee sookhe,

Uss pal thaamlo ummeed ka haath}

❦❦❦

"उम्मीद का हाथ" कवि की व्याख्या

जब किसी मनुष्य का जीवन हर क्षण कठिन होता जाता है तब सिर्फ एक उम्मीद ही है जो उसके साहस को उत्तेजना प्रदान कर

सकती है| किसी भी प्राणी का जीवन अत्यंत कठोर तब बन जाता है जब उसके पास कोई भी मार्ग शेष ना बचता हो और भाग्य भी साथ ना दे रहा हो| हर कार्य में विफलता हाथ लग रही हो| इसे ही व्यक्ति के सभी अरमानों एवं सपनों को टूटने का मुख्य कारण माना जा सकता है क्योंकि इस अपरिचित परिस्थिति में मनुष्य का साथ कोई नहीं देता इस कठिन समय में यदि जीवन को आशा की ओर ले जाना हो तो मनुष्य को उम्मीद नहीं त्यागनी चाहिए| जब किसी व्यक्ति का मन हताश होता है उस पल में उसके समक्ष एक धुंधला सा रास्ता होता जिसे चुनने से पहले वह कई बार सोचता है कि परिस्थितियाँ और ना बिगड़ जाएं| यह तो एक प्रमाणित तथ्य है की मुश्किल समय में हर कोई रिश्ता तोड़ना चाहता है क्योंकि व्यक्ति अब उन रिश्तों के काबिल नहीं समझ जाता कारण साधारण सा है समय काल का विपक्ष में होना| एसी तमाम परिस्थितियों में मनुष्य के व्यक्तित्व और चरित्र को छिन्न भिन्न कर दिया जाता है| इसी प्रकार के कृत्यों के जरिए मनुष्य को अकेला कर दिया जाता है और हर कोई अपना हाथ खींच लेना चाहता है| एसी विकट परिस्थिति में सिर्फ उम्मीद ही सहारा बनती है| मनुष्य का धैर्य की उसका सबसे प्रिय और सच्चा साथी होता है किन्तु जब जीवन अपना दंड चक्र घुमाता है उस समय धैर्य साधना अत्यंत कष्टदाई एवं कठिन हो जाता है| अपनी ही क्षमताओं पर संदेह उत्पन्न होने लगता है, कुछ भी नियंत्रण में नहीं होता और हर संभव सकारात्मक कार्य या आशा भी समाप्त होने लगती है और किसी भी प्रकार का सहयोग नहीं प्राप्त होता| इस समय अपने ऊपर विश्वास रखना एक नई उम्मीद को जागृत करता है| यह सब व्यक्ति के व्यक्तित्व को मिटाने के लिए पर्याप्त होता है एसा प्रतीत होता है मानो जीवन समाप्ति की ओर जा रहा हो| धन का पास ना होना कोई व्यापार सफल ना होना मन की अशान्ति का मुख्य कारण बन जाता है प्रत्येक वो अपना रुष्ट होने लगता है क्योंकि उस समय आप सबकी इच्छयाएं पूरी

करने मे सक्षम नहीं होते| मनुष्य अपने जीवन को जीने के लिए प्रत्येक कार्य करता है चाहे वो उसकी सीमा में हो या नहीं, अपने हर सपने को त्याग देता है| जब अत्यंत कठिन समय चल रहा होता है तो चरित्र पर दाग लगाना समाज के लिए अत्यंत सरल हो जाता है| अपने मित्रों पर ही संदेह होने लगता है कहीं विश्वासघात होता है तो काही साहस टूटने लगता है और यह समाज लाचारी पर हँसने का कोई अवसर नहीं त्यागता| हर तरफ कुछ ना कुछ नकारात्मक घटनाएं मनुष्य महसूस करता है| एसा प्रतीत होने लगता है जैसे मानो हर द्वार बंद हो गया है जो किसी काले अंधेरे धुएं में खो गया है| कष्टों की सीमा असहनीय होने लगती है भय का माहौल होता है और मनुष्य इन कठिनाइयों से निकलने के लिए माया के जाल में फसकर कुछ भी कर सकता है| समय के संग ओर कठिन आलम की मार से व्यक्ति की देह भी कमजोर पड़ जाती है| ना जोश रहता है और ना ही होश संभाला जाता है, कुछ करने का साहस भी मृत पड़ जाता है| मनुष्य भूँखे पेट ही कार्य के पीछे दौड़ता है और रोने के लिये भी आँखों में आँसू नहीं बचते| इस पूरे विकट चक्र से बाहर लाने के लिए मनुष्य निरंतर प्रयास करता है और यदि अपने मन में उम्मीद का बीज पनपने दे तो उम्मीद अपना हाथ मनुष्य के साथ रखती है| हर कठिन समय में हमें उम्मीद का हाथ पकड़े रहना चाहिए|

❦❦❦

"Ummeed ka hath" *Kavi ki Vyakhya Hinglish translation*

Jab kisee manushy ka jeevan har kshan kathin hota jaata hai tab sirph ek ummeed hee hai jo usake saahas ko uttejana pradaan kar sakatee hai. Kisee bhee praanee ka jeevan atyant kathor tab ban jaata hai jab usake paas koee bhee maarg shesh na bachata ho aur bhaagy bhee saath na de raha ho. Har kaary mein viphalata haath lag rahee ho. Ise hee vyakti ke sabhee aramaanon evan sapanon ko tootane ka mukhy kaaran maana ja sakata hai kyonki is aparichit paristhiti mein manushy ka saath koee nahin deta is kathin samay mein yadi jeevan ko aasha kee or le jaana ho to manushy ko ummeed nahin tyaaganee chaahie. Jab kisee vyakti ka man hataash hota hai us pal mein usake samaksh ek dhundhala sa raasta hota jise chunane se pahale vah kaee baar sochata hai ki paristhitiyaan aur na bigad jaen. Yah to ek pramaanit tathy hai kee mushkil samay mein har koee rishta todana chaahata hai kyonki vyakti ab un rishton ke kaabil nahin samajh jaata kaaran saadhaaran sa hai samay kaal ka vipaksh mein hona. Esee tamaam paristhitiyon mein manushy ke vyaktitv aur charitr ko chhinn bhinn kar diya jaata hai isee prakaar ke krtyon ke jarie manushy ko akela kar diya jaata hai aur har koee apana haath kheench lena chaahata hai. Esee vikat paristhiti mein sirph ummeed hee sahaara banatee hai. Manushy ka dhairy kee usaka sabase priy aur sachcha saathee hota hai kintu jab jeevan apana dand chakr ghumaata hai us samay dhairy saadhana atyant kashtadaee evan kathin ho jaata hai. Apanee hee kshamataon par sandeh utpann hone lagata hai, kuchh bhee niyantran mein nahin hota aur har sambhav sakaaraatmak kaary ya aasha bhee samaapt hone lagatee hai aur kisee bhee prakaar ka sahayog nahin praapt hota. Iss samay apane oopar vishvaas rakhana ek naee ummeed ko jaagrt karata hai. Yah sab vyakti ke vyaktitv ko mitaane ke lie paryaapt hota hai esa prateet hota hai maano jeevan samaapti kee or ja raha ho. Dhan ka paas na hona koee vyaapaar saphal na hona man kee ashaanti ka mukhy kaaran ban jaata hai pratyek vo apana rusht hone lagata hai kyonki us samay aap sabakee ichchhayaen pooree karane me saksham nahin hote. Manushy apane jeevan ko jeene ke lie pratyek kaary karata hai chaahe vo usakee seema mein ho ya nahin, apane har sapane ko tyaag deta hai. Jab atyant kathin samay chal raha hota hai to charitr par daag lagaana samaaj ke lie atyant saral ho jaata hai. Apane mitron par hee sandeh hone lagata hai kaheen vishvaasaghaat hota hai to kaahee saahas tootane lagata hai aur yah samaaj laachaaree par hansane ka koee avasar nahin tyaagata. Har taraph kuchh na kuchh nakaaraatmak ghatanaen manushy mahasoos karata hai. Esa prateet hone lagata hai jaise maano har dvaar band ho gaya hai jo kisee kaale andhere dhuen mein kho gaya hai. Kashton kee seema asahaneey hone lagatee hai bhay ka maahaul hota hai aur manushy in kathinaiyon se nikalane ke lie maaya ke jaal mein phasakar kuchh bhee kar sakata hai. Samay ke sang or kathin aalam kee maar se vyakti kee deh bhee kamajor pad jaatee hai. Na josh rahata hai aur na hee hosh sambhaala jaata hai, kuchh karane ka saahas bhee mrt pad jaata hai. Manushy bhoonkhe pet hee kaary ke peechhe daudata hai aur rone ke liye bhee aankhon mein aansoo nahin bachate. Iss poore vikat chakr se baahar laane ke lie manushy nirantar prayaas karata hai aur yadi apane man mein ummeed ka beej panapane de to ummeed apana haath manushy ke saath rakhatee hai. Har kathin samay mein hamen ummeed ka haath pakade rahana chaahie.

2. मेरा दोस्त

साथ में तेरे बचपन गुजरा, तेरे साथ मैं खूब बिगड़ा,
दिया है तूने हमेशा साथ मेरा, बस तू ही तो है यार मेरा ।
मेरे दोस्त याद आते हैं वो बीते छोटे - छोटे पल,
कभी हँसते तो कभी हंसाते गुजरे हुए कल ।

{Saath mein tere bachpan guzra, tere saath main(I)
khoob bigda,

Diya hai toone hamesha saath mera, bas tu hee to
hai yaar mera

Mere dost yaad aate hain vo beete chhote - chhote
pal,

Kabhee hanste to kabhee hansaate gujre hue kal}

लड़ाई झगड़ा तो बहाना है असली मकसद प्यार जताना है,
दूर हैं हम भले ही पर फिकर है आज भी तेरी ।
न जताई कभी गहराई इस दोस्ती की मैंने,
पर कह कर तो देख ये जिंदगी भी देदूँ मेरी ।

{Ladai jhagda to bahaana hai aslee maksad pyaar
jataana hai,

Door hain ham bhale hee par fikar hai aaj bhee teri

Na jatayi kabhi geharayi is dosti ki maine(I),

Par keh kar to dekh ye zindagi bhi dedoo meri}

दूर होकर भी वो आज मेरे सबसे पास है,
शायद इसलिए वो मेरे लिए सबसे खास है |
माना की तेरे साथ रहने से बिगड़ा हूँ,
फिर भी तेरे साथ रहने को खूब झगड़ा हूँ |
{Door hokar bhi vo aaj mere sabse paas hai,

Shaayad isliye vo mere liye sabse khaas hai

Maana kee tere saath rahane se bigada hoon,

Phir bhi tere saath rehne ko khoob jhagada hoon}

❧❧❧

तेरी गाली भी प्यारी लगती है,
बिना उसके ज़िंदगी खाली सी लगती है|
गुजरे पलों की सोचूँ तो तेरी याद बहुत आती है,
देर रात तक जागूँ तो तेरी दोस्ती रुला जाती है|
{Teri gaali bhi pyaari lagti hai,

Bina uske zindagi khaali si lagti hai

Gujre palon kee sochoon to teri yaad bahut aati hai,

Der raat tak jaagoon to teri dosti rula jaati hai}

❧❧❧

कुछ पल थे खुशबू जैसे तो कुछ बातें फूलों जैसी थी,
उन सपनों की कश्ती पर हमारी ख्वाहिशें सवार थी |
मैं जब उन गलियों से अकेला निकला था,
घनघोर काली घटाओं से यादों की बरसात थी |
{Kuchh pal the khushboo jaise to kuchh baatein

phoolon jaisi thi,

Un sapno ki kashtee par hamaari khvaahishen savaar

thi

Main jab un galiyon se akela nikala tha,

Ghanghor kaali ghataon se yaadon ki barasaat thi}

❧ ❧ ❧

मेरे दोस्त चल किया क्षमा तुझे इस कष्ट के लिए,
कल को मैं रहूँ या ना रहूँ जीवन समर्पित तेरे लिए |
हर जन्म की मेरी सच्ची मित्रता का एक तू ही हकदार है,
एक तू ही मेरा दोस्त और तू ही मेरा यार है |

{Mere dost chal kiya kshama tujhe is kasht ke liye,
Kal ko main rahoon ya na rahoon jeevan samarpit tere
liye
har janam ki meri sachchi mitrata ka ek tu hi hakdaar
hai,
Ek tu hi mera dost aur tu hi mera yaar hai}

❧ ❧ ❧

"मेरा दोस्त" कवि की व्याख्या

यहाँ कवि एक अटूट मित्रता का वर्णन कर रहा है| मित्रता एक खूबसूरत रिश्ता है जिसकी बराबरी शायद कोई दूसरा रिश्ता नहीं कर सकता क्योंकि हर संबंध में एक अपनापन तो हो सकता है परंतु वो आजादी नहीं जिसमे दो व्यक्ति खुलकर अपने सभी राज, दुख या खुशियों को बयान कर सके| हर रिश्ते की अपनी अलग खूबसूरती होती है परंतु एक निर्धारित सीमा भी होती है जैसे एक पिता पुत्र कहने को तो मित्र हो सकते है परंतु मित्रता का खुलापन उस रिश्ते में ला पान लगभग नामुमकिन है| वैसे ही भाई - बहन, पति - पत्नी, माँ - बेटी या कोई भी शुद्ध संभव रिश्ता एक अटूट और गहरी मित्रता की बराबरी नहीं कर सकता है| कवि भी अपने ऐसे ही खास दोस्त के संग अपनी मित्रता और उसका वर्तमान हमें बताने की कोशिश कर रहा ताकि हर व्यक्ति दोस्ती की कीमत समझ सके| यहाँ कवि अपने एक घनिष्ठ मित्र जो की इस पल

बहुत दूर है, जो शायद किसी दूसरे शहर में रहता है उसको अपने हृदय में छुपे भावों को व्यक्त करता है| वो उन सब गुजरे हुए पलों को याद करता है जब अपने मित्र के साथ रहकर खूब मस्ती किया करता था जो कि आज उससे दूर है| हर सुख दुख में मित्र ने भी उतना ही साथ दिया है जितना की माता पिता ने संभवतः उन सभी चीजों में सहयोग किया है जहा कवि अपने माता पिता या किसी अन्य व्यक्ति से परामर्श नहीं ले सकते| मित्रों में अक्सर लड़ाई झगड़े होते रहते है रूठना मनाना ये एक परंपरा जैसा बन जाता है किन्तु इसका अर्थ यह नहीं है की वे आपस में नफरत करते हैं अपितु इसका उद्देश्य प्रेम जताना होता है| आज कवि अपने मित्र से दूर रहता है जो की कुछ सामाजिक या जीवन के लक्ष्यों के कारण भी हो सकता है या फिर किसी अनबन के कारण भी परंतु वे दोनों एक दूसरे से इतना प्रेम करते हैं की एसी परिस्थिति में भी फिक्र करना उनके लिए अनिवार्य सा है| ये तो मान्य तथ्य है की महिलाओं की तुलना में पुरुष अपने भावों को प्रकट करने में कमजोर होते हैं उसी प्रकार कवि भी अपने मित्र को कभी खुलकर सामने से कह नहीं पाया की वो कितना हृदय से प्रेम करता है| प्रेम का अर्थ आज के नवीन युग में गलत तरीके से समझा जाता है किन्तु प्रेम आंतरिक मन एवं आत्मा से होता है ना की किसी प्रकार के शरीर से इसलिए मित्रता में भी उतना ही प्रेम है की कवि अपनी ज़िंदगी भी कुर्बान करने को तैयार है अपने मित्र के एक इशारे पर| फासले मित्रता की संगीनता पर कोई प्रभाव नहीं डाल पाते और यही शक्ति घनिष्ठ मित्रों को सदैव संग रखती है| कई बार होता है की परिवार जनों को हमारे मित्र किसी तुच्छ आधार पर पसंद नहीं आते और वे दूर रहने की सलाह देते हैं परंतु दोस्ती की घनिष्टता के कारण मनुष्य अपनी मित्रता को बचाने के लिए परिवार जनों से भी झगड़ जाता है उसी प्रकार के समय की व्याख्या कवि कर रहा है| हर समाज की अपनी एक भाषा और लिपि होती है उसी प्रकार मित्रता की भी अपनी एक अलग भाषा है

जो सामान्यतः किसी अन्य व्यक्ति को ठेस पहुंचा सकती है उसी का हिस्सा होती है अनोखी गालियां जो ना हो तो एक अपनापन सा खो जाता है| ऐसे ही पलों को याद करके कवि जीवन के अतीत के पहिये को खोज रहा है और समय के संग मिले घावों को कुरेद रहा है| अपने मित्र को याद कर दुखी होना उसके देर रात तक जागने का कारण है परंतु देर रात तक जागना उसे अतीत की ओर ले जाता है जो उसके दुख का मुख्य कारण बना हुआ है| उस द्रवित हृदय से कवि अपने मित्र को क्षमा करने की क्षमता का प्रदर्शन करता है और हर गलती या फरेब के लिए मित्र को सम्मान सहित क्षमा कर देता है और मित्रता की अटूट अनोखी खूबसूरती का अनावरण कर अपने मित्र को हर जनम में मित्रता का हकदार घोषित करता है| मित्रता की अनोखी खूबसूरती यही होती है की हर संकट के बाद भी मित्र करीब रहता है|

❧❧❧

"Mera Dost" *Kavi ki Vyakhya Hinglish translation*

Yahaan kavi ek atoot mitrata ka varnan kar raha hai. Mitrata ek khoobasoorat rishta hai jisakee baraabaree shaayad koee doosara rishta nahin kar sakata kyonki har sambandh mein ek apanaapan to ho sakata hai parantu vo aajaadee nahin jisame do vyakti khulakar apane sabhee raaj, dukh ya khushiyon ko bayaan kar sake. Har rishte kee apanee alag khoobasooratee hotee hai parantu ek nirdhaarit seema bhee hotee hai jaise ek pita putr kahane ko to mitr ho sakate hai parantu mitrata ka khulaapan us rishte mein la paan lagabhag naamumakin hai| vaise hee bhaee - bahan, pati - patnee, maa - betee ya koee bhee shuddh sambhav rishta ek atoot aur gaharee mitrata kee baraabaree nahin kar sakata hai. Kavi bhee apane aise hee khaas dost ke sang apanee mitrata aur usaka vartamaan hamen bataane kee koshish kar raha taaki har vyakti dostee kee keemat samajh sake. Yahaan kavi apane ek ghanishth mitr jo kee is pal bahut door hai, jo shaayad kisee doosare shahar mein rahata hai usako apane hriday mein chhupe bhaavon ko vyakt karata hai. Vo un sab gujare hue palon ko yaad karata hai jab apane mitr ke saath rahakar khoob mastee kiya karata tha jo ki aaj usase door hai.Har sukh dukh mein mitr ne bhee utana hee saath diya hai jitana kee maata pita ne sambhavatah un sabhee cheejon mein sahayog kiya hai jaha kavi apane maata pita ya kisee any vyakti se paraamarsh nahin le sakate. Mitron mein aksar ladaee jhagade hote rahate hai roothana manaana ye ek parampara jaisa ban jaata hai kintu isaka arth yah nahin hai kee ve aapas mein napharat karate hain apitu isaka uddeshy prem jataana hota hai. Aaj kavi apane mitr se door rahata hai jo kee kuchh saamaajik ya jeevan ke lakshyon ke kaaran bhee ho sakata hai ya phir kisee anaban ke kaaran bhee parantu ve donon ek doosare se itana prem karate hain kee esee paristhiti mein bhee phikr karana unake lie anivaary sa hai. Ye to maany tathy hai kee mahilaon kee tulana mein purush apane bhaavon ko prakat karane mein kamajor hote hain usee prakaar kavi bhee apane mitr ko kabhee khulakar saamane se kah nahin paaya kee vo kitana hrday se prem karata hai. Prem ka arth aaj ke naveen yug mein galat tareeke se samajha jaata hai kintu prem *aantarik man evan aatma se hota hai na kee kisee prakaar ke shareer se isalie mitrata mein bhee utana hee prem hai kee kavi apanee zindagee bhee kurbaan karane ko taiyaar hai apane mitr ke ek ishaare par. Phaasale mitrata kee sangeenata par koee prabhaav nahin daal paate aur yahee shakti ghanishth mitron ko sadaiv sang rakhatee hai. Kaee baar hota hai kee parivaar janon ko hamaare mitr kisee tuchchh aadhaar par pasand nahin aate aur ve door rahane kee salaah dete hain parantu dostee kee ghanishtata ke kaaran manushy apanee mitrata ko bachaane ke lie parivaar janon se bhee jhagad jaata hai usee prakaar ke samay kee vyaakhya kavi kar raha hai. Har samaaj kee apanee ek bhaasha aur lipi hotee hai usee prakaar mitrata kee bhee apanee ek alag bhaasha hai jo saamaanyatah kisee any vyakti ko thes pahuncha sakatee hai usee ka hissa hotee hai anokhee gaaliyaan jo na ho to ek apanaapan sa kho jaata hai. Aise hee palon ko yaad karake kavi jeevan ke ateet ke pahiye ko khoj raha hai aur samay ke sang mlle ghaavon ko kured raha hai. Apane mitr ko yaad kar dukhee hona usake der raat tak jaagane ka kaaran hai parantu der raat tak jaagana use ateet kee or le jaata hai jo usake dukh ka mukhy kaaran bana hua hai. Us dravit hrday se kavi apane mitr ko kshama karane kee kshamata ka pradarshan karata hai aur har galatee ya phareb ke lie mitr ko sammaan sahit kshama kar deta hai aur mitrata kee atoot anokhee khoobasooratee ka anaavaran kar apane mitr ko har janam mein mitrata ka hakadaar ghoshit* karata hai. Mitrata kee anokhee khoobasooratee yahee hotee hai kee har sankat ke baad bhee mitra kareeb rahata hai.

3. तुझे लड़ना है

माना कि जीवन तेरे पक्ष में नहीं,
पर ये ना समझ कि तुझमें साहस नहीं |
माना कि उजला सूरज रात में निकलता नहीं,
छाया है धुंध तनिक सा किन्तु रात अभी हुई नहीं |
{Maana ki jeevan tere paksh mein nahi,
Par ye na samajh ki tujhmein saahas nahi
Maana ki ujlaa sooraj raat mein nikalta nahi,
Chhaaya hai dhundh tanik sa kintu raat abhi hui nahi}

जीवन की कठिनाइयों से यूँ तू मत घबरा,
तेरे सामने बस छाया है घना कोहरा |
तू ही है अपना अर्जुन हाथ में लिए शस्त्र खड़ा,
हिम्मत तेरी है तेरा कृष्ण रही रथ को तेरे जो दौड़ा |
{Jeevan ki kathinaiyon se yoon tu mat ghabraa,
Tere saamne bas chhaaya hai ghanaa koharaa
Tu hee hai apna arjun haath mein liye shastr khadaa,
Himmat teri hai tera krishna rahi rath ko tere jo dauda}

क्यों विचलित है तू देखकर ये गहरा अंध जो आया है,
खुद बुनकर तुझे तेरा भविष्य अग्निपथ पर बढ़ना है |
देख जरा अपना भावी दृश्य जीत कर जब आना है,
उठ, उठा अपना गाँडीव पार्थ आज तुझे लड़ना है |

*{Kyon vichalit hai tu dekhkar ye geharaa andh jo aaya
hai,*
*Khud bunkar tujhe tera bhavishy agnipath par badhnaa
hai*
*Dekh zara apna bhaavee drishya jeet kar jab aana
hai,*
Uth, utha apna gaandeev paarth aaj tujhe ladna hai}

❧❧❧

संघर्ष तो जीवन का एक सच्चा हिस्सा है,
अधूरा इसके बिन भी हर किस्सा है |
यूँ ना हार मान अभी से कि चुनौतियों को स्वीकारना है,
अपने कर्तव्यों के खातिर सैनिक अंतिम साँस तक तुझे लड़ना है |
{Sangharsh to jeevan ka ek sachcha hissa hai,
Adhoora iske bin bhi har kissa hai
Yoo na haar maan abhi se ki chunautiyon ko
sveekaarana hai,
Apne kartavyon ke khaatir sainik antim saans tak tujhe
ladna hai}

❧❧❧

तुझ पर क्या छाएँगी मुश्किलें कि मुश्किलों पर तू छाया है,
सामर्थ्य तेरा अपार इतना कि मोड़ दे तू रुख भीषण तूफ़ानों का |
सिद्ध हुआ पराक्रमी तेज तेरा बलिष्ठ हर चट्टान से जो तू
टकराया है,
छीन ले किस्मत का मोती तू शक्ति संग उगते सूरज को कोई नहीं
रोक पाया है |
{Tujh par kya chhayengi mushkilein ki mushkilon par tu
chhaaya hai,

Saamarthya tera apaar itna ki mod de tu rukh bheeshan toofaano ka
Siddh hua paraakrami tej tera balishth har chattaan se jo tu takaraaya hai,
Chheen le kismat ka motee tu shakti sang ugte sooraj ko koi nahi rok paaya hai}

❧❧❧

बैठ ना तू थक कर तुझे तो चलना अभी कोसों है,
पांडव तो सिर्फ पाँच हैं किन्तु कौरव अब भी सौ - सौ हैं |
मिटाने को ये निविड़ अंधेरा अकेले तुझको योद्धा जलना है,
उठा शस्त्र वीर अभी तो लंबा युद्ध तुझे लड़ना है |

{Baith na tu thak kar tujhe to chalana abhee koso hai,
Paandav to sirf paanch hain kintu kaurav ab bhi sau - sau hain
Mitaane ko ye nivid andhera akele tujhko yoddha jalna hai,
Utha shastr veer abhi to lamba yuddh tujhe ladna hai}

❧❧❧

"तुझे लड़ना है|" कवि की व्याख्या

यह आवश्यक नहीं की जीवन सदैव हमारे अनुसार चले कुछ क्षण जीवन के हमारे विपरीत भी हो सकते हैं और ऐसे असामान्य समय में मनुष्य अपना धैर्य खो देता है जिसके कारण साहस की कमी उत्पन्न होने लगती है और यदि साहस ना हो तो प्राणों की आजीविका को पूरा करना भी अत्यंत मुश्किल हो जाता है| परंतु हमें ये समझ लेना चाहिए की जिस प्रकार रोशनी के बाद अंधकार और अंधकार के बाद रोशनी प्रज्वलित होती है जो जीवन का संकेत देती है उसी प्रकार ज़िंदगी में भी कुछ पल अंधकार के आते

है और उस समय मन मस्तिष्क पर से वो भ्रम का धुंध हटा देना चाहिए जिसके कारण मनुष्य सकारात्मक चीजों को नहीं देख पाता क्योंकि कुछ समय के लिए समय का विपरीत होना आपके जीवन का अंत नहीं होता जिस प्रकार रात्री में सूर्य की रोशनी नहीं होती उसी प्रकार कुछ क्षण के लिए मुश्किल हालातों में आशा की किरण कमजोर पड़ सकती है परंतु मिटाई नहीं जा सकती| कठिनाइयाँ एक अनिवार्य हिस्सा है किसी भी प्राणी के जीवन का क्योंकि ईश्वर ने जीवन को शक्ति के संग जीने के लिए भाग्य में कठिनाइयाँ डाली जो की एक माध्यम है अपने सामर्थ्य का अनुसरण करने के लिए उनसे मानव को घबराना नहीं चाहिए अपितु इस काले धुंध समान संकट से युद्ध करना चाहिए| हर मानव के भीतर एक अर्जुन है जिसके पास मस्तिष्क रूपी गाँडीव धनुष है और उसके शरीर रूपी रथ का सारथी स्वयं कृष्ण है जिन्हें हिम्मत के रूप में समझा जा सकता है| ऐसे मानव ईश्वर का बनाया हुआ सबसे शक्तिशाली प्राणी है जिसे कष्टों को देख कर परेशान नहीं होना चाहिए क्यूंकी एक मनुष्य अपने भविष्य का निर्माता स्वयं बन सकता है| यदि मनुष्य अपने भविष्य को एक साँचे में ढाले तो अपनी आने वाली विजय को वर्तमान बना सकता है| ऐसी परिस्थिति में कवि अर्जुन रूपी साहसी व्यक्तित्व को आदेश देता है कि पार्थ उठकर अपने साहस का परिचय देते हुए हर समस्या को सुलझाना होगा हर असहनीय पीड़ा से लड़ना होगा| क्यूंकी संघर्ष कीये बिना मानव कुछ भी हंसिल नहीं कर सकता इसलिए जीवन द्वारा दी गई हर चुनौती को स्वीकारना होगा और जीत की छह में लड़ना पड़ेगा तभी कुछ सुकून हासिल होगा| एक सैनिक का कर्तव्य होता है अपनी अंतिम शक्ति तक युद्ध करे उसी प्रकार प्रत्येक मनुष्य को अपना हर कर्तव्य निष्ठा से पूर्ण करना चाहिए उसे अपने सपने एवं अधिकार के लिए युद्ध लड़ते रहना चाहिए| यदि मनुष्य अपने इन कर्तव्यों को शालीनता से पूर्ण करने का कर्म करता है तो किसी भी प्रकार की मुश्किल उसके

ऊपर दबाव नहीं डाल सकती क्योंकि मनुष्य समस्याओं पर हावी होजाएगा उसके तेज से उसका व्यक्तिवा निखरेगा और ऐसे कर्तव्यनिष्ठ मानव का प्रत्येक प्रयास चट्टान की तरह मजबूत होगा| शक्तिशाली होने के लिए अपने अदम्य साहस के साथ लड़ते रहने वाले लोग ही अपनी किस्मत को बदलने की क्षमता रखते हैं जिस प्रकार उगते हुए सूरज को कोई रोक नहीं पाता उसी तरह इसे साहसी मानव को भी अपनी मंजिल पाने से कोई रोक नहीं सकता परंतु निरंतर प्रायस करना अनिवार्य है| यदि हारकर निराश होकर बैठ जाओगे तो समस्याएं आती ही रहेंगी जैसे महाभारत के काल में पांडवों के समक्ष कौरव सौ की संख्या में थे उसी प्रकार समस्याएं हैं इसलिए लड़ते रहना ही एकमात्र उपाय है|

❦❦❦

"Tujhe Ladna hai" Kavi ki Vyakhya Hinglish translation

Yah aavashyak nahin kee jeevan sadaiv hamaare anusaar chale kuchh kshan jeevan ke hamaare vipareet bhee ho sakate hain aur aise asaamaany samay mein manushy apana dhairy kho deta hai jisake kaaran saahas kee kamee utpann hone lagatee hai aur yadi saahas na ho to praanon kee aajeevika ko poora karana bhee atyant mushkil ho jaata hai. Parantu hamen ye samajh lena chaahie kee jis prakaar roshanee ke baad andhakaar aur andhakaar ke baad roshanee prajvalit hotee hai jo jeevan ka sanket detee hai usee prakaar zindagee mein bhee kuchh pal andhakaar ke aate hai aur us samay man mastishk par se vo bhram ka dhundh hata dena chaahie jisake kaaran manushy sakaaraatmak cheejon ko nahin dekh paata kyonki kuchh samay ke lie samay ka vipareet hona aapake jeevan ka ant nahin hota jis prakaar raatree mein soorya kee roshanee nahin hotee usee prakaar kuchh kshan ke lie mushkil haalaaton mein aasha kee kiran kamajor pad sakatee hai parantu mitaee nahin ja sakatee. Kathinaiyaan ek anivaary hissa hai kisee bhee praanee ke jeevan ka kyonki eeshvar ne jeevan ko shakti ke sang jeene ke lie bhaagy mein kathinaiyaan daalee jo kee ek maadhyam hai apane saamarthy ka anusaran karane ke lie unase maanav ko ghabaraana nahin chaahie apitu is kaale dhundh samaan sankat se yuddh karana chaahie| har maanav ke bheetar ek arjun hai jisake paas mastishk roopee gaandeev dhanush hai aur usake shareer roopee rath ka saarathee svayan krshn hai jinhen himmat ke roop mein samajha ja sakata hai. Aise maanav eeshvar ka banaaya hua sabase shaktishaalee praanee hai jise kashton ko dekh kar pareshaan nahin hona chaahie kyoonkee ek manushy apane bhavishy ka nirmaata svayan ban sakata hai. Yadi manushy apane bhavishy ko ek saanche mein dhaale to apanee aane vaalee vijay ko vartamaan bana sakata hai. aisee paristhiti mein kavi arjun roopee saahasee vyaktitv ko aadesh deta hai ki paarth uthakar apane saahas ka parichay dete hue har samasya ko sulajhaana hoga har asahaneey peeda se ladana hoga. Kyoonkee sangharsh keeye bina maanav kuchh bhee hansil nahin kar sakata isalie jeevan dvaara dee gaee har chunautee ko sveekaarana hoga aur jeet kee chhah mein ladana padega tabhee kuchh sukoon *haasil hoga.Ek sainik ka kartavy hota hai apanee antim shakti tak yuddh kare usee prakaar pratyek manushy ko apana har kartavy nishtha se poorn karana chaahie use apane sapane evan adhikaar ke lie yuddh ladate rahana chaahie. Yadi manushy apane in kartavyon ko shaaleenata se poorn karane ka karm karata hai to kisee bhee prakaar kee mushkil usake oopar dabaav nahin daal sakatee kyonki manushy samasyaon par haavee hojaega usake tej se usaka vyaktiva nikharega aur aise kartavyanishth maanav ka pratyek prayaas chattaan kee tarah majaboot hoga| shaktishaalee hone ke lie apane adamy saahas ke saath ladate rahane vaale log hee apanee kismat ko badalane kee kshamata rakhate hain. Jis prakaar ugate hue sooraj ko koee rok nahin paata usee tarah ise saahasee maanav ko bhee apanee manjil paane se koee rok nahin sakata parantu nirantar praayas karana anivaary hai. Yadi haarakar niraash hokar baith jaoge to samasyaen aatee hee rahengee jaise mahaabhaarat ke kaal mein paandavon ke samaksh kaurav sau kee sankhya mein the usee prakaar samasyaen hain isalie ladate rahana hee ekamaatr upaay hai.*

4. शिकारी बन

अपने आयुध को सन्नद्ध कर गंतव्य को देख,
अपने ध्यान को एकाग्र कर लक्ष्य को भेद |
अपने प्रताप को बढ़ा देखे तुझे जन - जन,
तू शिकार नहीं शिकारी बन |
{Apne aayudh ko sannaddh kar gantavy ko dekh,
Apne dhyaan ko ekaagra kar lakshya ko bhed
Apne prataap ko badha dekhe tujhe jan - jan,
Tu shikaar nahi shikaari ban}

अपने कपट को मिटा शक्ति को दिखा,
अपनी श्वास को समेट और काल को हरा |
तू दुष्ट नहीं उपकारी बन ,
तू शिकार नहीं शिकारी बन |
{Apne kapat ko mita shakti ko dikha,
Apni shvaas ko samet aur kaal ko hara
Tu dusht nahi upakaari ban,
Tu shikaar nahi shikaari ban}

अपने आलम सुधार सक्षम बन,
अपने शौर्य का तेज फैला रक्षक बन |
तू आजाद नहीं आजादी बन,
तू शिकार नहीं शिकारी बन |

{*Apne aalam sudhaar saksham ban,*
Apne shaurya ka tej faila rakshak ban
Tu aazaad nahi aazaadi ban,
Tu shikaar nahi shikaari ban}

❧❧❧

अपना वार कर खुदको तैयार कर,
अपना मार्ग बना रुकावट मिटा कर |
तू प्रेम कर प्रेमी बन,
तू शिकार नहीं शिकारी बन |
{*Apna vaar kar khudako taiyaar kar,*
Apna maarg bana rukaavat mita kar
Tu prem kar premi ban,
Tu shikaar nahi shikaari ban}

❧❧❧

अपना आकाश बना इरादों के पर फैला कर,
अपनी उड़ान भर हौंसलों को जगा कर |
तू कमजोर नहीं दक्ष बन,
तू शिकार नहीं शिकारी बन |
{*Apna aakaash bana iraadon ke parr faila kar,*
Apni udaan bhar haunsalon ko jaga kar
Tu kamajor nahin daksh ban,
Tu shikaar nahi shikaari ban}

❧❧❧

अपनी आवाज बुलंद कर तू मचा दे सफलता का शोर,
अपनी भीषण मेहनत के ताप से तू चमकेगा हर ओर |
तू युद्ध कर योद्धा बन,

तू शिकार नहीं शिकारी बन |

{Apni aawaaz buland kar tu machade safalta ka shor,
Apni bheeshan mehnat ke taap se tu chamakega har
or
Tu yuddh kar yoddha ban,
Tu shikaar nahi shikaari ban}

❧❧❧❧

अपनी काय को कठोर कर शक्ति भरकर बाहों में टकरा जा तूफान से,
अपनी दृढ़ता इतनी विकराल कर कि शत्रु दहल उठे तेरी गूंज से |
तू राज कर राजा बन - तू दान कर दानी बन,
तू शिकार नहीं शिकारी बन |

{Apni kaaya ko kathor kar shakti bharkar baahon mein
takra jaa toofaan se,
Apni dridhta itni vikraal kar ki shatru dahal uthe teri
goonj se
Tu raaj kar raaja ban - tu daan kar daani ban,
Tu shikaar nahi shikaari ban}

❧❧❧❧

<u>"शिकारी बन" कवि की व्याख्या</u>

बहादुर कौन होता है? ये प्रश्न प्रत्येक व्यक्ति के अनुसार भिन्न भिन्न उत्तर धारण करता है| जिस प्रकार शेर के समीप आने पर एक शिकारी और एक आम व्यक्ति की प्रतिक्रिया अलग अलग होती है वैसे ही सफलता और असफलता के प्रति क्या भाव उत्पन्न होगा ये व्यक्ति की प्रवृती पर निर्भर करता है| यदि वह व्यक्ति एक योद्धा की भांति साहसी हो तो वह एक शिकारी की तरह प्रतिक्रिया देगा परंतु यदि व्यक्ति जल्दी हार मान ने वाला होगा

तो वह स्वयं हार मानकर शिकार के समान व्यवहार करेगा| इस कविता में भी कवि मनुष्य को शिकारी बन ने की प्रेरणा और सीख देता है वह मानव को निर्देश दे रहा है की हे मनुष्य तुम अपना लक्ष्य पहले निर्धारित करो और अपने शस्त्रों को उठाओ, तथा अपने निर्धारित कीये हुए लक्ष्य को ध्यान से एकाग्र मन के साथ देखो तभी लक्ष्य को समझ पाओगे और तभी उसे भेद पाओगे| अधूरे ज्ञान से कष्ट ही होगा परंतु यदि तुमने ज्ञान को पहले समेटा तो तुम्हारे जीतने की आशा और बढ़ जाएगी एसा करने से तुम्हारा जगत में नाम होगा और तुम्हारे व्यक्तित्व की छाप समस्त संसार पर पड़ेगी| यदि तुमने अपने हृदय को छल मुक्त नहीं किया तो निश्चित ही कोई तुम्हें भी छलेगा और उस धोखे से तुम्हारी हार निश्चित हो जाएगी इसलिए अपने हृदय को स्वच्छ रखो| अपने छल के प्रयोग को टाल कर अपने बौद्धिक एवं शारीरिक बल का परिचय इस संसार को दो यदि तुम सबको साथ लेकर चलोगे तो निसंदेह ही तुम्हारे साथ ये संसार होगा| अपनी हर इच्छा को समेटो और अपने सपनों को साकार करने के लिए युद्ध करो इस समय से और अपने हालात से सीखो यह तुम्हें कठिन से कठिन परिस्थिति से निकालने में सक्षम होगा| तुम्हें अपने आंतरिक मन को स्वच्छ करने के लिए दुष्टता त्यागनी होगी और उपकार का मार्ग चुन लेना होगा अन्यथा तुम्हारे समीप कोई भी सहारा नहीं होगा| अपने बुरे समय का शिकार मत बनो अपितु उसका शिकार करो ताकि इस संसार में तुम्हारी अधिकतम सीमा तक तुम कष्टों को मिटाने वाले शिकारी बन सको और अपने कर्तव्य का पालन समय संग कर सको| अपने हालातों को सुधारने के लिए तुम्हें सभी अच्छे प्रयास करने चाहिए और खुदकों इतना काबिल बनाओ जो किसी भी विशाल संकट को भी भेदने में सक्षम हो यह तुम्हारे तेज को विश्व में बढ़ाएगा और तुम एक भक्षक होते हुए भी रक्षक कहलाओगे क्योंकि शिकारी होना भक्षक के ही पदचिन्ह है किन्तु वह भक्षक जो बुराई का अंत करे और संकटों

को हरे रक्षक का अंश बन जाता है| तुम स्वयं आजाद होकर क्या हंसिल करोगे जब तुम्हारे आसपास संसार कैद में हो, तुम्हें आजादी की आशा उत्पन्न करनी होगी और विचारों की आजादी सबको प्रदान करनी है| तुम थक कर बैठो मत हे मनुष्य अपना वार तो करो खुदकों तैयार तो करो संकट समीप खड़ा हो तब तुम्हें युद्ध लड़ना ही होगा हर रुकावट को मिटाना होगा खुदक रास्ता बनाना होगा ताकि तुम प्रेम बाँट सको| अपने इरादे कठोर करो और आसमान की ऊंचाइयों तक तरक्की करो क्युकी तुम एक शिकारी हो तो कमजोर पादन तुम्हारी फितरत नहीं तुम्हें तो हर कार्य में दक्ष बन ना होगा| हर परिस्थिति को साहस से अंकना है तुम्हें और हर कठिनाई को दंड देना है क्युकी तुम शिकारी हो शिकार नहीं| अपनी हर बहुमूल्य वस्तु का त्याग कर दान करो ताकि नए सुखों का आगमन हो सके तुम तो हृदय के राजा बनो और प्रेम संग राज करो|

❧❧❧

<u>*"Shikaari ban" Kavi ki Vyakhya Hinglish translation*</u>

Bahaadur kaun hota hai? Ye prashn pratyek vyakti ke anusaar bhinn bhinn uttar dhaaran karata hai.Jis prakaar sher ke sameep aane par ek shikaaree aur ek aam vyakti kee pratikriya alag alag hotee hai vaise hee saphalata aur asaphalata ke prati kya bhaav utpann hoga ye vyakti kee pravratee par nirbhar karata hai. Yadi vah vyakti ek yoddha kee bhaanti saahasee ho to vah ek shikaaree kee tarah pratikriya dega parantu yadi vyakti jaldee haar maan ne vaala hoga to vah svayan haar maanakar shikaar ke samaan vyavahaar karega. Is kavita mein bhee kavi manushy ko shikaaree ban ne kee prerana aur seekh deta hai vah maanav ko nirdesh de raha hai kee he manushy tum apana lakshy pahale nirdhaarit karo aur apane shastron ko uthao, tatha apane nirdhaarit keeye hue lakshy ko dhyaan se ekaagr man ke saath dekho tabhee lakshy ko samajh paoge aur tabhee use bhed paoge. Adhoore gyaan se kasht hee hoga parantu yadi tumane gyaan ko pahale sameta to tumhaare jeetane kee aasha aur badh jaegee esa karane se tumhaara jagat mein naam hoga aur tumhaare vyaktitv kee chhaap samast sansaar par padegee. Yadi tumane apane hrday ko chhal mukt nahin kiya to nishchit hee koee tumhen bhee chhalega aur us dhokhe se tumhaaree haar nishchit ho jaegee isalie apane hrday ko svachchh rakho. Apane chhal ke prayog ko taal kar apane bauddhik evan shaareerik bal ka parichay is sansaar ko do yadi tum sabako saath lekar chaloge to nisandeh hee tumhaare saath ye sansaar hoga. Apanee har ichchha ko sameto aur apane sapanon ko saakaar karane ke lie yuddh karo is samay se aur apane haalaat se seekho yah tumhen kathin se kathin paristhiti se nikaalane mein saksham hoga. Tumhen apane aantarik man ko svachchh karane ke lie dushtata tyaaganee hogee aur upakaar ka maarg chun lena hoga anyatha tumhaare sameep koee bhee sahaara nahin hoga. Apane bure samay ka shikaar mat bano apitu usaka shikaar karo taaki is sansaar mein tumhaaree adhikatam seema tak tum kashton ko mitaane vaale shikaaree ban sako aur apane kartavy ka paalan samay sang kar sako. Apane haalaaton ko sudhaarane ke lie tumhen sabhee achchhe prayaas karane chaahie aur khudakon itana kaabil banao jo kisee bhee vishaal sankat ko bhee bhedane mein saksham ho yah tumhaare tej ko vishv mein badhaega aur tum ek bhakshak hote hue bhee rakshak kahalaoge kyonki shikaaree hona bhakshak ke hee padachinh hai kintu vah bhakshak jo buraee ka ant kare aur sankaton ko hare rakshak ka ansh ban jaata hai. Tum svayam aajaad hokar kya hansil karoge jab tumhaare aasapaas sansaar kaid mein ho, tumhen aajaadee kee aasha utpann karanee hogee aur vichaaron kee aajaadee sabako pradaan karanee hai. Tum thak kar baitho mat he manushy apana vaar to karo khudakon taiyaar to karo sankat sameep khada ho tab tumhen yuddh ladana hee hoga har rukaavat ko mitaana hoga khudak raasta banaana hoga taaki tum prem baant sako. Apane iraade kathor karo aur aasamaan kee oonchaiyon tak tarakkee karo kyukee tum ek shikaaree ho to kamajor paadan tumhaaree phitarat nahin tumhen to har kaary mein daksh ban na hoga. Har paristhiti ko saahas se ankana hai tumhen aur har kathinaee ko dand dena hai kyukee tum shikaaree ho shikaar nahin. Apanee har bahumooly vastu ka tyaag kar daan karo taaki nae sukhon ka aagaman ho sake tum to hrday ke raaja bano aur prem sang raaj karo.

5. तू

काया तेरी बड़ी सुंदर है,
मन भीतर बड़ा कपटी तू ।
वाणी तेरी मधुर बड़ी,
विचारों से घोले विश तू ।
{Kaya teri badi sundar hai,
Mann bheetar bada kapti tu
Vaani teri madhur badi,
Vichaaro se ghole Vish tu}

गले मिले मुझे बड़े प्रेम से,
मेरी पीठ पर लगा हुआ खंजर तू ।
श्वासों से बने पवित्र बड़ा,
काले रक्त सा अपवित्र तू ।
{Gale mile mujhe bade prem se,
Meri peenth par laga hua khanjar tu
Shwanso se bane Pavitra bada,
Kaley rakt sa apavitra tu}

केसे ईश्वर तक पहुंचेगा,
तेरे चरित्र से जब दानव तू ।
वस्त्र तेरे हरे - भरे रंगीन,
आत्मा से बड़ा कुत्सित तू ।

{Kese Ishwar tak pahuchega,
Tere charitra se jab daanav tu
Vastra tere hare - bhare rangeen,
Atma se bada Kutsit tu}

गंगा धोवे सिर्फ तन तेरा,
अतीत प्रमाण देवे पापी तू |
संसार में क्यूँ खोजे शांत चित्त,
जब विचारणा से खोटा तू |
{Ganga dhove sirf tann tera,
Ateet pramaan deve paapi tu
Sansaar mein kyu khojey shaant chitt,
Jab vichaarna se khota tu}

समाज का बना फिरे राम,
कर्मों से रावण सी ख्याति तू |
इत्र से महकता शरीर तेरा,
विचरण से लागे दुर्गंध सा तू |
{Samaaj ka bana firey Raam,
Karmo se Raavan si khyaati tu
Itra se mehkta shareer tera,
Vichran se laagey durgandh sa tu}

चेहरे से प्रतीत होवे बड़ा मासूम सा,
नयन द्वार भीतर है लालची तू |
स्वर्ग की लालसा का आसक्त सा,

नरक की ताप्ती ज्वाला का विषयासक्त तू |
{Chehre se prateet hove badaa masoom sa,
Nayan dwaar bheetar hai laalchi tu,
Swarg ki lalsaa ka aasakt tu
Narak ki tapti jwaalaa ka vishayaasakt tu}

❧❧

तू" कवि की व्याख्या

इस कविता का शीर्षक थोड़ा कटुता दर्शाता है जैसे मानो हमें आईना दिखा रहा हो जो सिर्फ सत्य ही दर्शाता है| कटाक्ष हृदय को चुभता जरूर है परंतु उसमे सत्यता होती है और सत्य हमेशा कटु ही तो होता है जो किसी घमंडी, ना समझ एवं मंदबुद्धि किरदार के लिए सहन कर पाना कठिन होता है| उसी प्रकार इस कविता के जरिए कवि उन सभी दो मुख वाले दोगले लोगों की ओर इशारा करता है तो ये लाजमी सा है की कुछ वैसे ही लोग इस कविता से विमुख हो जाएं परंतु सत्य तो कटु ही रहेगा| कवि कहता है की ये जो समाज है ऐसे पाखंड से भरा है जिसमे लगभग प्रत्येक व्यक्ति लिप्त है| मनुष्य काया को सुंदर बनाने के लिए पागल है और वह अलग अलग तरीकों से खुदकों खूबसूरत दर्शाने के लिए प्रयास करता रहता है एक एसी भेड़चाल चलने पर खुदकों मजबूर करदेता है जो प्रकरतिक सुंदरता का कत्ल कर देती है| मानव तन से तो आकर्षक लगने लगता है परंतु उसके कीये हुए कपट एवं दूसरों का बुरा चाहने के विचार उसके चरित्र पर काले दाग छोड़ ही देता है चाहें मनुष्य कितना भी धनवान होजाए उसपर कलंक के दाग सदैव लगे रहते हैं| जो मनुष्य बात करने से बहुत ही सभ्य लगता है जिसकी वाणी सामने वाले व्यक्ति को अत्यंत प्रसन्न करदेती हो और जिसके बात करने से शहद समान मिठास उत्पन्न हो परंतु वही व्यक्ति अपने विचारों से इतना गंदा सोचता हो जो वातावरण में भी विश मिल सकने की क्षमता रखता है कहीं वैसे ही तो नहीं

तुम? आज के नवीन समाज में मनुष्य दो चेहरे लेकर चलता है एक वो अच्छा पक्ष जिसपर सब मोहित हो जाएं जो सब से गले मिलकर प्रेम व्यक्त करता हो परंतु दूसरा वो भयानक पक्ष है जो पीठ पीछे आलोचनाएं कर अपनी नीचता का प्रमाण देता है क्योंकि ये समाज के समक्ष बहुत ही सभ्य एवं पवित्र बन ने का ढोंग करते हैं परंतु रगों में अपवित्रता का सागर लिए चलते हैं ताकि अहित भी कर सकें और भले भी बन सकें, कहीं वैसे ही तो नहीं तुम? तुम्हें ईश्वर कैसे प्राप्त होगा जब तुम आत्मा से ही क्षीण हो जिसमें अपवित्र विचारों का प्रवास है जब तुम्हारा चरित्र ही दानव जैसा है तो क्यूँ ना ईश्वर तुम्हारा संघार करें क्योंकि वस्त्र तुमने बदले है इतने हर बार कोई नया रंग ओढ़ लेते हो परंतु अपने भीतर पलते दानव की भद्दी छाया को कैसे बदलोगे? माना तुमने गंगा में स्नान किया परंतु जब अतीत के पापी हो तुम तो तन धोने से मन का मैल कैसे साफ करोगे क्योंकि गंगा माँ सिर्फ तेरा शरीर ही धो पाएगी तेरे गंदे पापों को नहीं और अब क्यूँ तू खोजता है मन की शांति इस संसार में जब तूने मासूमों के जीवन को अशांत किया है अरे तू तो सोच से ही खोटा है| चाहें कितना भी प्रयास कर समाज में राम बने रहने की जब तू कर्मों की हर मर्यादा लाँग गया तेरे चरित्र को रावण सी प्रतिमा प्राप्त होगी| तेरे शरीर पर इत्र लगाकर महक आ जाती है परंतु एसी महक का क्या लाभ जो तेरे चरित्र से नहीं बल्कि इत्र से आती हो ये ही है प्रमाण तेरे दोगलेपन का जब तू बिन इत्र समाज में आता है तो दुर्गंध समान खटकने लगता है| तू मुख से निर्दोष प्रतीत होने की कोशिस करता है परंतु तेरी आँखों से तेरा कपट साफ छलकता है क्योंकि तू स्वर्ग की चाह रखने वाला प्राणी अवश्य बन सकता है परंतु तेरे कर्म एसे हैं की तू नरक की जलती अग्नि में तपने का दावेदार है|

"Tu" Kavi ki Vyakhya Hinglish translation

Is kavita ka sheershak thoda katuta darshaata hai jaise maano hamen aaeena dikha raha ho jo sirph saty hee darshaata hai. Kataaksh hrday ko chubhata jaroor hai parantu usame satyata hotee hai aur saty hamesha katu hee to hota hai jo kisee ghamandee, na samajh evan mandabuddhi kiradaar ke lie sahan kar paana kathin hota hai| usee prakaar is kavita ke jarie kavi un sabhee do mukh vaale dogale logon kee or ishaara karata hai to ye laajamee sa hai kee kuchh vaise hee log is kavita se vimukh ho jaen parantu saty to katu hee rahega. Kavi kahata hai kee ye jo samaaj hai aise paakhand se bhara hai jisame lagabhag pratyek vyakti lipt hai. Manushy kaaya ko sundar banaane ke lie paagal hai aur vah alag alag tareekon se khudakon khoobasoorat darshaane ke lie prayaas karata rahata hai ek esee bhedachaal chalane par khudakon majaboor karadeta hai jo prakaratik sundarata ka katl kar detee hai. Maanav tan se to aakarshak lagane lagata hai parantu usake keeye hue kapat evan doosaron ka bura chaahane ke vichaar usake charitr par kaale daag chhod hee deta hai chaahen manushy kitana bhee dhanavaan hojae usapar kalank ke daag sadaiv lage rahate hain. Jo manushy baat karane se bahut hee sabhy lagata hai jisakee vaanee saamane vaale vyakti ko atyant prasann karadetee ho aur jisake baat karane se shahad samaan mithaas utpann ho parantu vahee vyakti apane vichaaron se itana ganda sochata ho jo vaataavaran mein bhee vish mil sakane kee kshamata rakhata hai kaheen vaise hee to nahin tum? Aaj ke naveen samaaj mein manushy do chehare lekar chalata hai ek vo achchha paksh jisapar sab mohit ho jaen jo sab se gale milakar prem vyakt karata ho parantu doosara vo bhayaanak paksh hai jo peeth peechhe aalochanaen kar apanee neechata ka pramaan deta hai kyonki ye samaaj ke samaksh bahut hee sabhy evam pavitr ban ne ka dhong karate hain parantu ragon mein apavitrata ka sagar lie chalate hain taaki ahit bhee kar saken aur bhale bhee ban saken, kaheen vaise hee to nahin tum? Tumhen eeshvar kaise praapt hoga jab tum aatma se hee ksheen ho jisamen apavitr vichaaron ka pravaas hai jab tumhaara charitr hee daanav jaisa hai to kyoon na eeshvar tumhaara sanghaar karen kyonki vastr tumane badale hai itane har baar koee naya rang odh lete ho parantu apane bheetar palate daanav kee bhaddee chhaaya ko kaise badaloge?Maana tumane ganga mein snaan kiya parantu jab ateet ke paapee ho tum to tan dhone se man ka mail kaise saaph karoge kyonki ganga maan sirph tera shareer hee dho paegee tere gande paapon ko nahin aur ab kyoon too khojata hai man kee shaanti is sansaar mein jab toone maasoomon ke jeevan ko ashaant kiya hai are too to soch se hee khota hai. Chaahen kitana bhee prayaas kar samaaj mein raam bane rahane kee jab too karmon kee har maryaada laang gaya tere charitr ko raavan see pratima praapt hogee. Tere shareer par itr lagaakar mahak aa jaatee hai parantu esee mahak ka kya laabh jo tere charitr se nahin balki itra se aatee ho ye hee hai pramaan tere dogalepan ka jab too bin itra samaaj mein aata hai to durgandh samaan khatakane lagata hai. Too mukh se nirdosh prateet hone kee koshis karata hai parantu teree aankhon se tera kapat saaph chhalakata hai kyonki too svarg kee chaah rakhane vaala praanee avashy ban sakata hai parantu tere karm ese hain kee too narak kee jalatee agni mein tapane ka daavedaar hai.

6. पिता तुम्हें क्या आता है ?

उंगली पकड़ कर जिसकी चलना सीखे,
कंधे पर बैठकर जिसके मेले देखे |
मुश्किलें जिसने सारी अकेले झेलीं,
औलाद पूछती है पिता तुम्हें क्या आता है ?
{Ungli pakad kar jiski chalna seekhe,
Kandhe par baithakar jiske mele dekhe
Mushkilein jisne saari akele jheli,
Aulaad poochhti hai pita tumhein kya aata hai?}

पैसा पास नहीं था फिर भी तुम्हें खिलौना दिया,
क्या तुमने कभी पूछा उनसे ये उसने कैसे किया |
कंधों पर लेकर भार जो अकेला ही बाहर जाता है,
औलाद पूछती है पिता तुम्हें क्या आता है ?
{Paisa paas nahi tha fir bhi tumhen khilauna diya,
Kya tumne kabhi poochha unse ye usne kaise kiya?
Kandhon par lekar bhaar jo akela hi baahar jaata hai,
Aulaad poochhti hai pita tumhein kya aata hai?}

अपने सपने त्याग कर तुम्हारे सपनों को जिया,
खुदकी चोट भूल कर तेरी खरोंच को सीया |
तेरी खुशी के लिए मंजबूरी में उसने वो सब किया,
और औलाद पूछती है पिता तुम्हें क्या आता है ?

{Apne sapne tyaag kar tumhaare sapno ko jiya,
Khudki chot bhool kar teri kharonch ko seeya
Teri khushi ke lie majaboori mein usne vo sab kiya,
Aur aulaad poochhti hai pita tumhein kya aata hai?}

❧❧❧

माँ - बाप और बीवी के बीच वो पिसता है,
माँ - बाप का ख्याल रखना हो या बच्चों का मान रखना हो |
झगड़े की चर्चा हो या राशन का पर्चा सब वो अकेला करता है,
औलाद पूछती है पिता तुम्हें क्या आता है ?
{Maa - baap aur biwi ke beech vo pista hai,
Maa - baap ka khyaal rakhna ho ya bachcho ka maan
rakhna ho
Jhagde kee charcha ho ya raashan ka parcha sab vo
akela karta hai,
Aulaad poochhti hai pita tumhein kya aata hai?}

❧❧❧

जाना जाए तुझे पिता के नाम से एसा ना कोई सम्मान है,
सर ना झुके तेरा इस जगत में संग तेरे जब पिता का हाथ है |
कदम तेरे होंगे आकाश में जब पिता तेरे साथ है,
हौंसलों के पंख तेरे लहराएं शान से यही तो उसका अरमान है |
{Jaana jaye tujhe pita ke naam se esa na koi
sammaan hai,
Sar na jhuke tera is jagat mein sang tere jab pita ka
haath hai
Kadam tere honge aakaash mein jab pita tere saath
hai,

Haunsalo ke pankh tere laharaein shaan se yahi to
uska aramaan hai}

माँ के चरणों में स्वर्ग है तो पिता स्वर्ग का द्वार है,
पिता तेरी हस्ती का अभिमान है स्वाभिमान है |
पिता कभी धरती तो कभी तेरा आसमान है,
टिके हैं कदम तेरे जहां वो ख्वाबों की ऊंची उड़ान है |
{Maa ke charano mein swarg hai to pita swarg ka
dwaar hai,
Pita teri hasti ka abhimaan hai swaabhimaan hai
Pita kabhi dharti to kabhi tera aasamaan hai,
Tikey hain kadam tere jahaa vo khwaabo ki oonchi
udaan hai}

कभी ना पूछना पिता से तुम्हें क्या आता है ?
पिता वो जादूगर है जो तेरी खुशी के लिए कुछ भी ले आता है |
पिता वो हस्ती है जो परिवार के खातिर कुछ भी कर जाता है,
पिता वो कश्ती है जिसपर सवार होकर तू अपने सपनों को पाता है
|
{Kabhee na poochhna pita se tumhein kya aata hai?
Pita vo jaadugar hai jo teri khushi ke liye kuchh bhi le
aata hai
Pita vo hasti hai jo parivaar ke khaatir kuchh bhi kar
jaata hai,
Pita vo kashti hai jispar sawaar hokar tu apne sapano
ko paata hai}

<u>"पिता तुम्हें क्या आता है?" कवि की व्याख्या</u>

मनुष्य के जीवन का परम आधार जितना माता होती हैं उतने ही महत्वपूर्ण होते हैं पिता| यह एक ऐसा नमूना है जिसमें ईश्वर को साक्षात देखा और महसूस किया जा सकता है इसका कारण है एक पिता की अपार क्षमता एवं सही निर्णय लेने की कठोरता , यह बिल्कुल सत्य है की माँ की ममता असीम होती है परंतु आमतौर पर पिता अपनी ममता को दर्शा नहीं पाते या औलाद उनके प्रेम को समझ ही नहीं पाती ऐसा इस कारण से भी होता है कि पिता का किरदार माँ से भिन्न होता है| परंतु इस कविता के माध्यम से महान चरित्र का पालन करने वाले उन सभी पिताओं की व्यथा एवं संघर्ष को समझने की एक छोटी सी कोशिश की गई है| कवि दर्शाता है कि किस प्रकार औलाद अपने पिता के फटे कपड़े, पुराने जूते या स्वयं के लिए लोभ करने की आदत को उनका पिछड़ापन समझ लेते हैं| औलाद शायद वो सब पल नकार देती है जब एक पिता अपने कर्तव्य को पूर्ण रूप से निभाने ने व्यस्त होता है और बच्चों की हर इच्छा को अपनी क्षमता अनुसार पूरा करने का प्रयास करता है| औलाद ये भूल जाती है की जिस पिता से तुम प्रश्न करते हो उन्हें क्या आता है उसी पिता के कंधों पर बोझ समान बैठकर बहुत मेले देखे है, जिसने तुम्हें चलना सिखाया और जिस व्यक्ति ने हजारों परेशानियों को अकेले ही संभाल लिया उनसे ऐसा प्रश्न औलाद की नीचता को दर्शाता है| हर खिलौने पर जब तुमने अधिकार जताया था वो उस खाली जेब से जादू करके तुम्हें उस ईश्वर समान पिता ने दिलवाया था तब तुमने अपने लालच में उसके कष्टों को नजरंदाज किया था| कवि प्रश्न करता है कि क्या कभी औलाद ने सोचा की कैसे अकेले दम पर पूरे घर गृहस्थी का बोझ लिए वो चलता होगा जो सुबह से लेकर शाम तक निरंतर कार्य करते रहता है? तुम्हारे हर सपने को उसने तुमसे पहले जिया था अपने सपनों को अधूरा छोड़कर हर सपने को

साकार करने में तुम्हारा कांधा बना था, अपने हर दुख और पीड़ा को भुलाकर तुम्हारी हर चोट पर चिंतित होता था और तुम्हारी आँख में आँसू ना आए इसके लिए वो हर कार्य करने को भी तैयार था क्यूंकी तुम्हारे सपनों की खातिर उसे धन भी तो अर्जित करना था और तुम ऐसे मानव से गलत प्रश्न करते हो यह तुम्हारी उद्दंडता दर्शाता है| एकांत में चिंतन करने पर समझ पाओगे की एक पिता पूरे घर को जोड़कर रखता है चाहें उसे अपने माता पिता और पत्नी के झगड़े एवं तानों के बीच जीवन को कष्टदायी रूप से ही क्यूँ ना गुजरना पड़े हर किसी सदस्य का खयाल रखना उसका धर्म बन जाता है परंतु वह खुदक ध्यान रखना भूल जाता है क्योंकि उसे परिवार की हर जरूरत को सम्पूर्ण करना होता है| यदि ऐसी हस्ती पर प्रश्न उठाते हो तो तुम औलाद होने से पहले एक निशाचर के समान हो| यदि किसी बालक को उसके पिता के सम्मानित नाम से जाना जाता है तो यह गर्व है क्यूंकी पिता यदि आपके साथ खाद्य रहे तो आप जीवन के किसी भी युद्ध को आसानी से जीत सकते हो जिस प्रकार अस्त्रों में ब्रह्मास्त्र सर्वोच्च मन जाता है उसी प्रकार जीवन के युद्ध में पिता ऐसा ही अपराजित अस्त्र बन जाता है अपनी संतान के लिए | पिता उस स्वर्ग का द्वार समान है जो स्वर्ग माँ के चरणों में समाहित है पिता वो बहरूपिया है जो आपकी जरूरत अनुसार कभी भी कैसा भी किरदार निभा सकता है इसलिए अपने पिता से कभी भी उनकी योग्यता का परिचय ना पूछना आओइतउ उनके हर संघर्ष को सराहना| पिता वही जादूगर के समान है जो मेले में बच्चे के रोते हुए चेहरे पर भी मुस्कान स्थापित कर देता है पिता वो नाव है जिसपर तुम अपने अस्तित्व के खोज में सवार हो|

❧❦❧

"Pita tumhe kya ataa hai?" Kavi ki Vyakhya Hinglish translation

Manushy ke jeevan ka param aadhaar jitana maata hotee hain utane hee mahatvapoorn hote hain pita. Yah ek aisa namoona hai jisamen eeshvar ko saakshaat dekha aur mahasoos kiya ja sakata hai isaka kaaran hai ek pita kee apaar kshamata evan sahee nirnay lene kee kathorata, yah bilkul saty hai kee maa kee mamata aseem hotee hai parantu aamataur par pita apanee mamata ko darsha nahin paate ya aulaad unake prem ko samajh hee nahin paatee aisa is kaaran se bhee hota hai ki pita ka kiradaar maa se bhinn hota hai. Parantu is kavita ke maadhyam se mahaan charitr ka paalan karane vaale un sabhee pitaon kee vyatha evan sangharsh ko samajhane kee ek chhotee see koshish kee gaee hai. Kavi darshaata hai ki kis prakaar aulaad apane pita ke phate kapade, puraane joote ya svayan ke lie lobh karane kee aadat ko unaka pichhadaapan samajh lete hain. Aulaad shaayad vo sab pal nakaar detee hai jab ek pita apane kartavy ko poorn roop se nibhaane ne vyast hota hai aur bachchon kee har ichchha ko apanee kshamata anusaar poora karane ka prayaas karata hai. Aulaad ye bhool jaatee hai kee jis pita se tum prashn karate ho unhen kya aata hai usee pita ke kandhon par bojh samaan baithakar bahut mele dekhe hai, jisane tumhen chalana sikhaaya aur jis vyakti ne hajaaron pareshaaniyon ko akele hee sambhaal liya unase aisa prashn aulaad kee neechata ko darshaata hai. Har khilaune par jab tumane adhikaar jataaya tha vo us khaalee jeb se jaadoo karake tumhen us eeshvar samaan pita ne dilavaaya tha tab tumane apane laalach mein usake kashton ko najarandaaj kiya tha. Kavi prashn karata hai ki kya kabhee aulaad ne socha kee kaise akele dam par poore ghar grhasthee ka bojh lie vo chalata hoga jo subah se lekar shaam tak nirantar kaary karate rahata hai? Tumhaare har sapane ko usane tumase pahale jiya tha apane sapanon ko adhoora chhodakar har sapane ko saakaar karane mein tumhaara kaandha bana tha, apane har dukh aur peeda ko bhulaakar tumhaaree har chot par chintit hota tha aur tumhaaree aankh mein aansoo na aae isake lie vo har kaary karane ko bhee taiyaar tha kyoonkee tumhaare sapanon kee khaatir use dhan bhee to arjit karana tha aur tum aise maanav se galat prashn karate ho yah tumhaaree uddandata darshaata hai. Ekaant mein chintan karane par samajh paoge kee ek pita poore ghar ko jodakar rakhata hai chaahen use apane maata pita aur patnee ke jhagade evan taanon ke beech jeevan ko kashtadaayee roop se hee kyoon na gujarana pade har kisee sadasy ka khayaal rakhana usaka dharm ban jaata hai parantu vah khudak dhyaan rakhana bhool jaata hai kyonki use parivaar kee har jaroorat ko sampoorn karana hota hai. Yadi aisee hastee par prashn uthaate ho to tum aulaad hone se pahale ek nishaachar ke samaan ho. Yadi kisi baalak ko usake pita ke sammaanit naam se jaana jaata hai to yah garv hai kyoonkee pita yadi aapake saath khaady rahe to aap jeevan ke kisee bhee yuddh ko aasaanee se jeet sakate ho jis prakaar astron mein brahmaastr sarvochch man jaata hai usee prakaar jeevan ke yuddh mein pita aisa hee aparaajit astr ban jaata hai apanee santaan ke lie.Pita us svarg ka dvaar samaan hai jo svarg maa ke charanon mein samaahit hai pita vo baharoopiya hai jo aapakee jaroorat anusaar kabhee bhee kaisa bhee kiradaar nibha sakata hai isalie apane pita se kabhee bhee unakee yogyata ka parichay na poochhana aur unake har sangharsh ko saraahana. Pita vahee jaadoogar ke samaan hai jo mele mein bachche ke rote hue chehare par bhee muskaan sthaapit kar deta hai pita vo naav hai jisapar tum apane astitv ke khoj mein savaar ho.

7. मेरे सपने

थोड़े से साधारण थोड़े से अनोखे हैं मेरे सपने,
हाँ छोटे से हैं परंतु खूबसूरत हैं मेरे सपने |
जीने की वजह और अंत की जगह हैं मेरे सपने,
किसी की कैद से दूर आजाद परिंदे हैं मेरे सपने |

{Thode se saadhaaran thode se anokhe hain mere
sapne,

Haan chhote se hain parantu khoobsoorat hain mere
sapne

Jeene ki wajah aur antt ki jagah hain mere sapne,
Kisi ki kaid se door aazaad parinde hain mere sapne}

हाँ काबिलियत है मुझमे इसलिए असाधारण हैं मेरे सपने,
कुछ बदलने और कुछ जोड़ने की इच्छाओं से भरे हैं मेरे सपने |
किसी के लिए अजीबो - गरीब तो किसी के लिए नामुमकिन हैं मेरे
सपने,
किसी की हिम्मत तोड़ेंगे तो किसी का सहारा बनेंगे एसे हैं मेरे
सपने |

{Haan kaabiliyat hai mujhme isliye asaadhaaran hain
mere sapne,

Kuchh badalane aur kuchh jodane ki ichchhaon se
bhare hain mere sapne

Kisi ke lie ajeebo - gareeb to kisi ke liye naamumkin
hain mere sapne,

Kisi kee himmat todenge to kisi ka sahaara banenge
ese hain mere sapne}

❧❧❧

किसी को चुभते हैं तो किसी को रिझाते हैं मेरे सपने,
कुछ लोग इनपर हँसते हैं तो कुछ समझते हैं मेरे सपने ।
हाँ कुछ अपनों की समझ से परे हैं मेरे सपने,
तो कुछ अपनों की समझ से खरे हैं मेरे सपने ।
{Kisi ko chubhte hain to kisi ko rijhaatey hain mere
sapne,
Kuchh log inpar hanste hain to kuchh samajhate hain
mere sapne
Haan kuchh apno ki samajh se parey hain mere
sapne,
To kuchh apno ki samajh se kharey hain mere sapne}

❧❧❧

माना लक्ष्य बड़ा है मेरा थोड़े कठिन से हैं मेरे सपने,
माना मुकाम दूर है अभी मेरा थोड़े जटिल से हैं मेरे सपने ।
कुछ तो खास होगा मुझमें जो इतने नायाब हैं मेरे सपने,
मेरी क्षमताओं को तोल कर समीप आने वाले यही हैं मेरे सपने ।
{Maana lakshya bada hai mera thode kathin se hain
mere sapne,
Maana mukaam door hai abhi mera thode jatil se hain
mere sapne
Kuchh to khaas hoga mujhmein jo itne naayaab hain
mere sapne,
Meree kshamataon ko tol kar sameep aaney waale
yahi hain mere sapne}

❧❧❧

कोई ज्ञान से तोलता है तो कोई मेरे जुनून से मापता है मेरे सपने,
हिम्मत से आँके कोई इन्हें किन्तु जज्बे और हुनर से जुड़े हैं मेरे सपने |
मुझे रोकदे एसा कोई तूफान नहीं कई बार कांच से बिखरे हैं मेरे सपने,
असंख्य बार गिरा मैं लड़ने की लाठी बनकर उभरे हैं हर बार मेरे सपने |

{Koi gyaan se tolta hai to koi mere junoon se maapta hai mere sapne,
Himmat se aanke koi inhen kintu jajbe aur hunar se jude hain mere sapne
Mujhe rokde esa koi toofaan nahi kai baar kaanch se bikhre hain mere sapne,
Asankhya baar gira main(i) ladne ki laathee bankar ubhrey hain har baar mere sapne}

❧❧❧

हारकर भी जीतने की शक्ति प्रदान करते हैं मेरे सपने,
पा सके हर राहगीर इन्हें इतने आसान नहीं मेरे सपने |
हर परिस्थिति में संयम साधने का अस्त्र हैं मेरे सपने,
हर सपने को साकार कर हकीकत में बदलने के हैं मेरे सपने |

{Haarkar bhi jeetne ki shakti pradaan karte hain mere sapne,
Paa sake har raahageer inhein itne aasaan nahi mere sapne
Har paristhiti mein sayyam saadhne ka astra hain mere sapne,

Har sapne ko saakaar kar hakeekat mein badalne ke hain mere sapne}

❧❧❧

"मेरे सपने" कवि की व्याख्या

कवि उन सभी व्यक्तियों की मन के भीतर की बात बोलने की कोशिश कर रहा है जो लोग अपने ख्वाबों को पाना तो चाहते है परंतु उनकी राहों में समाज के ठेकेदारों और परिवार के रिश्तेदारों ने रुकावट उत्पन्न कर दी है| एसे में कवि उन सभी रूढ़िवादी सोच के मूर्ख मनुष्यों से कटाक्ष के जरिए सपनों की अहमियत को समझने की कोशिश कर रहा ताकि उन सभी विद्यार्थी एवं युवाओं के मानसिक शक्ति और निर्णय लेने की कला को आजादी मिल सके| कवि कहता है कि मेरे सपने साधारण तो है परंतु मेरी प्रवृती के अनुसार एकदम असाधारण परिणाम देने योग्य हैं छोटे - छोटे कदम चलना होगा इन्हें पूरा करने के लिए तभी इनकी खूबसूरती का अनुमान लगाया जा सकता है| जहां मेरा जीवन शुरू होता है उस जीवन सागर से उत्पन्न होने वाले जीवनदायि हैं जिन्हें मेरी आजादी का मूल्य पता है क्यूंकी मेरी सोच असीमित है और मेरे प्रयास निरंतर हैं तो किसी की बेड़ियों में जकड़े हुए नहीं हो सकती मेरी उम्मीदें क्यूंकी मेरी स्वतंत्रता के समान पक्षी जैसे आकाश में उड़ने की शक्ति देते है मेरे सपने| मैं काबिल हूँ इनके लिए और यही मेरा आत्मविश्वास का कारण है इन्हें जब में हासिल करलूँगा तब अपनी सफलता के बाद सभी असहाय एवं पीड़ित प्राणियों का सहारा बनूँगा परंतु उन सभी भ्रष्ट एवं दुराचारी लोगों को दंड भी प्रदान करूंगा ताकि समाज में शांति स्थापित कर सकूँ| मुझे मालूम है इस समाज में दोगले चेहरे एवं दोहरे चरित्र वाले मनुष्य मेरी सफलता से जलते हैं और यह भी सत्य है की कुछ शुभचिंतक मुझे प्रोत्साहित भी करते हैं मेरे ख्वाबों को पाने के लिए कुछ लोग मेरी पीठ पीछे मेरी सोच पर हँसते हैं और मैं उन सबको पहचानता भी

हूँ लेकिन जो अपने इन्हें पारदर्शिता से देखते हैं वे उत्साह को बढ़ावा देते हैं| मेरी मंजिल शायद काफी दूर एवं बड़ी है क्यूंकी जिस समुदाय या समाज से मेरा नाता है वहाँ एसा बाद सपना देखना वर्जित है परंतु कठिन पथ है तो क्या हुआ मैं अपने सभी शुभचिंतकों एवं मेरे साहस के बल पर हर जटिलता के साथ लड़कर इन्हे पाने की क्षमता रखता हूँ और यही कारण पर्याप्त है मेरे सपनों की अनोखी पहचान के लिए क्यूंकी मैं शायद खास हूँ जिसे ईश्वर ने कुछ बहाव से विपरीत करने की शक्ति दी है| मेरे हर सपने को मुझे स्वयं ही पूरा करना है तो मेरा समाज और रिश्तेदारों को सीधा संदेश है कि मेरी व्यक्तिगत इच्छाओं के बीच आकार अपना सम्मान दाव पर ना लगाएं क्यूंकी आपके आंकलन के अनुसार मेरी इच्छाशक्ति का अनुमान लगाना असंभव है| मैं सफल होने के लिए एवं अपनी इच्छाओं को पूर्ति हेतु कई दफा हारने को भी राजी हूँ परंतु मैं एक जवान योद्धा हूँ फिर उठकर लड़ूँगा पूरी क्षमता से और मुझे पूर्ण विश्वास है अपने सामर्थ्य पर की अंतिम विजय मेरी ही होगी हर परिस्थिति को झेलने के लिए मेरा अस्त्र मेरे अपने सपने ही बनेंगे क्यूंकी खास हूँ मैं और हर वो ख्वाब जो माना देखा है उसको पूरा करने के लिए किसी भी प्रकार का संघर्ष करने के लिए मैं तत्पर हूँ क्यूंकी मुझे मेरा हर सपना हकीकत में परिवर्तित करना है और मैं ये करके रहूँगा|

❧❧❧

"Mere Sapne" Kavi ki Vyakhya Hinglish translation

Kavi un sabhee vyaktiyon kee man ke bheetar kee baat bolane kee koshish kar raha hai jo log apane khvaabon ko paana to chaahate hai parantu unakee raahon mein samaaj ke thekedaaron aur parivaar ke rishtedaaron ne rukaavat utpann kar dee hai. Ese mein kavi un sabhee roodhivaadee soch ke moorkh manushyon se kataaksh ke jarie sapanon kee ahamiyat ko samajhane kee koshish kar raha taaki un sabhee vidyaarthee evan yuvaon ke maanasik shakti aur nirnay lene kee kala ko aajaadee mil sake. Kavi kahata hai ki mere sapane saadhaaran to hai parantu meree pravratee ke anusaar ekadam asaadhaaran parinaam dene yogy hain chhote - chhote kadam chalana hoga inhen poora karane ke lie tabhee inakee khoobasooratee ka anumaan lagaaya ja sakata hai. Jahaan mera jeevan shuroo hota hai us jeevan saagar se utpann hone vaale jeevanadaayi hain jinhen meree aajaadee ka mooly pata hai kyoonkee meree soch aseemit hai aur mere prayaas nirantar hain to kisee kee bediyon mein jakade hue nahin ho sakatee meree ummeeden kyoonkee meree svatantrata ke samaan pakshee jaise aakaash mein udane kee shakti dete hai mere sapane. Main kaabil hoon inake lie aur yahee mera aatmavishvaas ka kaaran hai inhen jab mein haasil karaloonga tab apanee saphalata ke baad sabhee asahaay evan peedit praaniyon ka sahaara banoonga parantu un sabhee bhrasht evan duraachaaree logon ko dand bhee pradaan karoonga taaki samaaj mein shaanti sthaapit kar sakoon. Mujhe maaloom hai is samaaj mein dogale chehare evan dohare charitr vaale manushy meree saphalata se jalate hain aur yah bhee saty hai kee kuchh shubhachintak mujhe protsaahit bhee karate hain mere khvaabon ko paane ke lie kuchh log meree peeth peechhe meree soch par hansate hain aur main un sabako pahachaanata bhee hoon lekin jo apane inhen paaradarshita se dekhate hain ve utsaah ko badhaava dete hain. Meree manjil shaayad kaaphee door evan badee hai kyoonkee jis samudaay ya samaaj se mera naata hai vahaan esa baad sapana dekhana varjit hai parantu kathin path hai to kya hua main apane sabhee shubhachintakon evan mere saahas ke bal par har jatilata ke saath ladakar inhe paane kee kshamata rakhata hoon aur yahee kaaran paryaapt hai mere sapanon kee anokhee pahachaan ke lie kyoonkee main shaayad khaas hoon jise eeshvar ne kuchh bahaav se vipareet karane kee shakti dee hai. Mere har sapane ko mujhe svayan hee poora karana hai to mera samaaj aur rishtedaaron ko seedha sandesh hai ki meree vyaktigat ichchhaon ke beech aakaar apana sammaan daav par na lagaen kyoonkee aapake aankalan ke anusaar meree ichchhaashakti ka anumaan lagaana asambhav hai. Main saphal hone ke lie evan apanee ichchhaon ko poorti hetu kaee dapha haarane ko bhee raajee hoon parantu main ek javaan yoddha hoon phir uthakar ladoonga pooree kshamata se aur mujhe poorn vishvaas hai apane saamarthy par kee antim vijay meree hee hogee har paristhiti ko jhelane ke lie mera astr mere apane sapane hee banenge kyoonkee khaas hoon main aur har vo khvaab jo maana dekha hai usako poora karane ke lie kisee bhee prakaar ka sangharsh karane ke lie main tatpar hoon kyoonkee mujhe mera har sapana hakeekat mein parivartit karana hai aur main ye karake rahoonga.

• 53 •

८. टूटा हूँ , हारा नहीं

अब तक बदली हैं जिंदगी की राहें कुछ यूँ ही,
आहिस्ता - आहिस्ता खो दिया सब कुछ ही |
हताश सी साँसों में वो साहस अब रहा नहीं,
हाँ आज मैं टूटा हूँ पर हारा नहीं |
{Ab tak badli hain zindagi ki raahein kuchh yoon hi,
Aahista - aahista kho diya sab kuchh hi
Hataash si saanson mein vo saahas ab raha nahi,
Haan aaj main toota hoon par haara nahi}

इस प्राण पहेली को सुलझाते - सुलझाते ही सही,
बहुत सी चढ़ती सीढ़ियों से गिरा हूँ यूँ ही |
आसमान कुछ ऊंचा धरा अल्प सी प्रतीत हो रही,
हाँ आज मैं टूटा हूँ पर हारा नहीं |
{Iss praan paheli ko sulajhaate - sulajhaate hi sahi,
Bahut si chadhati seedhiyon se gira hoon yoon hi
Aasamaan kuchh ooncha dharaa alp si prateet ho rahi,
Haan aaj main toota hoon par haara nahi}

हर क्षण क्या कमाल आजमाया लोगों ने,
किसी ने स्वार्थ के लिए तो किसी ने प्रयोजन से |
इस स्वार्थपरायण जमघट में कुछ चेहरे थे अपनों के भी,
हाँ आज मैं टूटा हूँ पर हारा नहीं |

{Har kshan kya kamaal aazamaaya logo ne,
Kisi ne svaarth ke liye to kisi ne prayojan se
Iss swaarthaparaayan jamghat mein kuchh chehre thhe
apno ke bhi,
Haan aaj main toota hoon par haara nahi}

जब दस संग अकेला हिम्मत लिए खड़ा था मैं,
आज मेरी तन्हा तंगी में मेरे साथ कोई नहीं ।
इन धधकते अरमानों की राख सी मेरी उड़ रही,
हाँ आज मैं टूट हूँ पर हारा नहीं ।

{Jab dass(ten) sang akela himmat liye khada tha main,
Aaj meri tanha tangi mein mere saath koi nahi
In dhadhakte armaano ki raakh si meri udd rahi,
Haan aaj main toot hoon par haara nahi}

इस कोमल द्रवित हृदय की टीस को किसे कहूँ यूँ ही,
वो जिगरी यार परे है और आने की उम्मीद भी नहीं ।
माँ - बाप के सपने खातिर अरमान किए कुर्बान यूँ ही,
हाँ आज मैं टूटा हूँ पर हारा नहीं ।

{Iss komal dravit hriday ki tees ko kisey kahoo yoon
hi,
Vo jigri yaar parey hai aur aaney ki ummeed bhi nahi
Maa - baap ke sapne khaatir armaan kiye kurbaan
yoon hi,
Haan aaj main toota hoon par haara nahi}

आँखों से नीर बहे चित्त में चुभती सूई सी,
ये अस्तित्व को मेरे किश्तों में अस्त कर रही ।
कहानी शक्ति की मेरी ज़हन को मेरे स्थिर कर रही,
हाँ आज मैं टूटा हूँ पर हारा नहीं ।
{Aankhon se neer bahe chitt mein chubhti sooee si,
Ye astitva ko mere kishton mein ast kar rahi
Kahaani shakti ki meri zahan ko mere sthir kar rahi
Haan aaj main toota hoon par haara nahi}

❧❧❧

सब सहकर नई सीख जीवन की पुस्तक में लिख ली,
यहाँ कोई नहीं तेरा तू खुद खुदके लिए बन सिपाही ।
दर्द दुखों की करके तबाही योद्धा बन सर झुकाना नहीं,
क्योंकि तू टूटा है पर अभी हारा नहीं ।
{Sab sehkar nayi seekh jeevan ki pustak mein likh li,
Yahaa koi nahin tera tu khud khudke liye ban sipaahi
Dard dukhon ki karke tabaahi yoddha ban sar
jhukaana nahi,
Kyonki tu toota hai par abhi haara nahi}

❧❧❧

<u>"टूटा हूँ हारा नहीं" कवि की व्याख्या</u>

जीवन एक लगातार चलते रहने वाला चक्र है जिसके भीतर हर मानव को विभिन्न प्रकार के अनोखे अनुभव होते ही रहते हैं और उसे ही जीवन का बदलना कहते हैं जहां किसी एक दिशा में चल रहे पथ को यह चक्र अचानक से मोड देता है और कुछ अद्भुत अनुभव प्रदान करता है| इसी कारण से मनुष्य कुछ पाता भी है और कुछ गवा भी देता है, किन्तु मनुष्य का एक चरित्र होता है किसी भी उपलब्धि पर खुश होना एवं कुछ छिन जाने पर हताश

निराश होना जिसके कारण मनुष्य स्वयं को टूटा हुआ महसूस करने लगता है मानो जैसे किसी मकान की एक ईंट खींच लेने से सम्पूर्ण आकृति बिगड़ जाने का खतरा होता है वैसे ही साहस को खतरे में पाता है मानव, परंतु जेसे एक ईंट के निकालने से नई रोशनी का द्वार खुल जाता है उसी प्रकार प्राणी कुछ क्षण के लिए टूटा हुआ महसूस करता है किन्तु अभी हारा नहीं| जितना जटिल जीवन की पहेली होती है उतना ही कष्टदायी हो जाता है परिस्थितियों को सुलझाना और अनेकों गलतियाँ मनुष्य के कर्मों का हिस्सा बन जाती है जिसके प्रभाव से पाई हुई सफलता भी कई बार असफलता में परिवर्तित हो जाती है ऐसा प्रतीत होने लगता है मानो आसमान पहुँच से अत्यंत दूर हो रहा हो और जीवनयापन के लिए ये धरती छोटी होती जा रही हो| आसमान अरमानों एवं ख्वाबों का चिन्ह है और धरती मिलने वाले मोके की| परंतु समय परिवर्तन का नियम पालन करता है तो धैर्य साधते हुए प्राणी को भीषण परिस्थितियों को भी अपनी अटूट मेहनत से पार करना होगा क्यूंकी जीवन आपको तब तक तोड़ेगा जब तक आप काबिल ना बन जाओ हर संघर्ष को उचित तरीके से करने के लिए और यही आशा को उत्पन्न करता है की कुछ समय हम टूट सकते है परंतु हम हारे नहीं| हमारे रोज की दिनचर्या का हिस्सा कुछ रिश्ते भी होते हैं और इनकी खासियत होती है मनुष्य को समझदार प्राणी बनाने की क्षमता, यह संभव है की कुछ लोग आपके भोलेपन या अच्छेपन का गलत फायदा उठाए और आपके साथ छल करें और यह भी संभव है की ऐसे सभी स्वार्थी रिश्तों में कुछ रिश्ते बेहद खारा हों, यदि एसा होता है तो परायों के द्वारा किया गया छल अपने सगे द्वारा कीये गए छल के अत्यधिक छोटा होगा और यह कृत्य मानव को भावनाओं से जुड़े प्रेम एवं भरोसे को तोड देगा परंतु हर घटना कुछ नया पाठ सिखाएगी जो मनुष्य को हारने नहीं देगी इस जीवन के छलावे से| आमतौर पर यह कहना बेहद आसान है की कोई खास रिश्ता या व्यक्ति आपसे बिना किसी स्वार्थ के

प्रेम करता है परंतु व्यावहारिक रूप से यह एक असत्य है| सामान्यतः अच्छे प्राणी जिनका मन स्वच्छ होता है वे किसी पीड़ित की मदद करने हेतु कोई भी कदम उठा लेते है परंतु जब उनपर स्वयं कोई कष्ट आता है तो उनका साथ देने के वास्ते कोई भी आगे नहीं आता वे अपने कठिन समय में अकेले पड़ जाते है और हर पल खुदकों बिखरा हुआ महसूस करते हैं| किसी से अपने दिल की परेशानी बोल पान कठिन होता है उनके लिए क्योंकि जो खास मित्र भी थे वे भी इन परिस्थितियों में अकेला छोड़ कर चले गए शायद माता - पिता भी अपनी संतानों को इस कठिन समय में समझने में विफल हो जाते हैं| हर जटिल घटना अस्तित्व को ललकारने लगती है किन्तु साहसी मनुष्य इन सब घटनाओं से सीख लेकर जीवन को बेहतरीन बना सकता है अपने स्वयं के भले के लिए खुदकों तैयार कर सकता है और कह सकता है गर्व से की वो टूटा जरूर था परंतु हारा नहीं|

❧❧❧

<u>"Toota hoon haraa nahi"</u> *Kavi ki Vyakhya Hinglish*
translation

Jeevan ek lagaataar chalate rahane vaala chakr hai jisake bheetar har maanav ko vibhinn prakaar ke anokhe anubhav hote hee rahate hain aur use hee jeevan ka badalana kahate hain jahaan kisee ek disha mein chal rahe path ko yah chakr achaanak se mod deta hai aur kuchh adbhut anubhav pradaan karata hai. Isee kaaran se manushy kuchh paata bhee hai aur kuchh gava bhee deta hai, kintu manushy ka ek charitr hota hai kisee bhee upalabdhi par khush hona evan kuchh chhin jaane par hataash niraash hona jisake kaaran manushy svayan ko toota hua mahasoos karane lagata hai maano jese kisee makaan kee ek eent kheench lene se sampoorn aakrti bigad jaane ka khatara hota hai vaise hee saahas ko khatare mein paata hai maanav, parantu jese ek eent ke nikaalane se naee roshanee ka dvaar khul jaata hai usee prakaar praanee kuchh kshan ke lie toota hua mahasoos karata hai kintu abhee haara nahin. Jitana jatil jeevan kee pahelee hotee hai utana hee kashtadaayee ho jaata hai paristhitiyon ko sulajhaana aur anekon galatiyaan manushy ke karmon ka hissa ban jaatee hai jisake prabhaav se paee huee saphalata bhee kaee baar asaphalata mein parivartit ho jaatee hai aisa prateet hone lagata hai maano aasamaan pahunch se atyant door ho raha ho aur jeevanayaapan ke lie ye dharatee chhotee hotee ja rahee ho. Aasamaan aramaanon evan khvaabon ka chinh hai aur dharatee milane vaale moke kee| parantu samay parivartan ka niyam paalan karata hai to dhairy saadhate hue praanee ko bheeshan paristhitiyon ko bhee apanee atoot mehanat se paar karana hoga kyoonkee jeevan aapako tab tak todega jab tak aap kaabil na ban jao har sangharsh ko uchit tareeke se karane ke lie aur yahee aasha ko utpann karata hai kee kuchh samay ham toot sakate hai parantu ham haare nahin. Hamaare roj kee dinacharya ka hissa kuchh rishte bhee hote hain aur inakee khaasiyat hotee hai manushy ko samajhadaar praanee banaane kee kshamata, yah sambhav hai kee kuchh log aapake bholepan ya achchhepan ka galat phaayada uthae aur aapake saath chhal karen aur yah bhee sambhav hai kee aise sabhee svaarthee rishton mein kuchh rishte behad khaas ho, yadi esa hota hai to paraayon ke dvaara kiya gaya chhal apane sage dvaara keeye gae chhal ke atyadhik chhota hoga aur yah krty maanav ko bhaavanaon se jude prem evan bharose ko tod dega parantu har ghatana kuchh naya paath sikhaegee jo manushy ko haarane nahin degee is jeevan ke chhalaave se. Aamataur par yah kahana behad aasaan hai kee koee khaas rishta ya vyakti aapase bina kisee svaarth ke prem karata hai parantu vyaavahaarik roop se yah ek asaty hai. Saamaanyatah achchhe praanee jinaka man svachchh hota hai ve kisee peedit kee madad karane hetu koee bhee kadam utha lete hai parantu jab unapar svayan koee kasht aata hai to unaka saath dene ke vaaste koee bhee aage nahin aata ve apane kathin samay mein akele pad jaate hai aur har pal khudakon bikhara hua mahasoos karate hain. Kisee se apane dil kee pareshaanee bol paan kathin hota hai unake lie kyonki jo khaas mitr bhee the ve bhee in paristhitiyon mein akela chhod kar chale gae shaayad maata - pita bhee apanee santaanon ko is kathin samay mein samajhane mein viphal ho jaate hain. Har jatil ghatana astitv ko lalakaarane lagatee hai kintu saahasee manushy in sab ghatanaon se seekh lekar jeevan ko behatareen bana sakata hai apane svayan ke bhale ke lie khudakon taiyaar kar sakata hai aur kah sakata hai garv se kee vo toota jaroor tha parantu haraa nahin.

9. झूठ काफी है

जब कुछ संभालना हो या बिगाड़ना हो,
जब रिश्तों को बचाना हो या निभाना हो |
जब संबंधों को तोड़ना हो या उन्हें मिटाना हो,
तब सिर्फ एक झूठ काफी है |
{Jab kuchh sambhaalana ho ya bigaadana ho,
Jab rishton ko bachaana ho ya nibhaana ho
Jab sambandho ko todna ho ya unhein mitaana ho,
Tab sirf ek jhooth kaafi hai}

जब किसी को खुसी देनी हो या दुख पहुचाना हो,
जब विश्वास हासिल करना हो या भरोसा उठाना हो |
जब किसी को हिम्मत देना हो या साहस छीन लेना हो,
तब सिर्फ एक झूठ काफी है |
{Jab kisi ko khushi deni ho ya dukh pahuchaana ho,
Jab vishwaas haasil karna ho ya bharosa uthaana ho
Jab kisi ko himmat dena ho ya saahas chheen lena
ho,
Tab sirf ek jhooth kaafi hai}

जब किसी को ऊंचाइयों तक ले जाना हो,
जब किसी को अर्श से फर्श पर गिराना हो |
जब किसी का सच्चा इश्क पाना हो या नफरत करना हो,

तब सिर्फ एक झूठ काफी है |
{Jab kisi ko oonchaiyon tak le jaana ho,
Jab kisi ko arsh se farsh par giraana ho
Jab kisi ka sachcha ishq paana ho ya nafrat karna ho,
Tab sirf ek jhooth kaafi hai}

जब एक परिवार को संग में पिरोना हो,
जब कुटुंब को संपूर्णतः ध्वस्त करना हो |
जब किसी का उम्मीद से परिचय हो या युद्ध हो करवाना हो,
तब सिर्फ एक झूठ काफी है |
{Jab ek pariwaar ko sang mein pirona ho,
Jab kutumb ko sampoornatah dhvast karna ho
Jab kisi ka ummeed se parichay ho ya yuddh
karavaana ho,
Tab sirf ek jhooth kaafi hai}

जब किसी राष्ट्र की नींव खोखली करनी हो,
जब राजा के चरित्र पर उंगली उठानी हो |
जब विनाश काल को अग्नि देनी हो या मृत्यु को चकमा हो,
तब सिर्फ एक झूठ काफी है |
{Jab kisi raashtra ki neev khokhli karani ho,
Jab raaja ke charitra par ungli uthaani ho
Jab vinaash kaal ko agni deni ho ya mrityu ko chakma
ho,
Tab sirf ek jhooth kaafi hai}

"झूठ काफी है" कवि की व्याख्या

हम ना दानव हैं और ना ही देवता हैं यह कारण पर्याप्त है हमारी सत्य और झूठ के संग बराबर की मित्रता को दर्शाने के लिए| मनुष्य झूठ कब बोलता है यह निर्भर करता है उसकी दशा एवं मंशा पर यदि उसके पास मंशा है तो भी उसके अंतर मन तक झाँकने के उपरांत ही पता लगाया जा सकता है की वह मंशा कुछ सकारात्मक करने के लिए है या कुछ बर्बाद करने के लिए| यह आवश्यक नहीं है की यदि कोई प्राणी झूठ बोल रहा है तो वह एक बुरा व्यक्ति है उसके पीछे की स्थिति को समझने के उपरांत ही किसी निष्कर्ष तक पहुंचा जा सकता है क्यूंकी एक असत्य वचन किसी की परिस्थिति को बिगाड़ने या संभालने के लिए काफी होता है| यदि किसी के प्राण बचाने के लिए असत्य कहा जाए तो वो पाप नहीं है, यदि किसी को साहस देने के लिए असत्य कहा जाए तो वह कोई गुनाह नहीं अपितु पुण्य कर्म है| हम श्री कृष्ण को आदर्श मानते है क्या हम उन्हें उनके द्वारा बोले गए अनगिनत असत्यों के आधार पर मापते हैं? नहीं, क्यूंकी भगवान श्री कृष्ण की मंशा सृष्टि का उद्धार करने की थी ना की उसका विनाश उसी प्रकार किसी मानव के द्वारा बोल जाने वाला असत्य उसकी तत्कालीन स्तिथि पर निर्भर करता है| किसी व्यक्ति को खुश करने के लिए बोल जाने वाला झूठ या किसी की हिम्मत को बढ़ावा देने के लिए बोल गया असत्य कोई पाप नहीं किन्तु इसके विपरीत किसी व्यक्ति को नष्ट करने के लिए या उसके साहस को तोड़ने के लिए बोल गया असत्य उसी प्रकार का महापाप है जिस प्रकार धर्मराज युधिष्ठिर ने गुरु द्रोणाचार्य से युद्ध जीतने के लिए उनके प्रिय पुत्र अश्वत्थामा की मृत्यु के संदर्भ में बोला था| किसी भी घटना को अच्छा या बुरा रूप देने के लिए सिर्फ एक झूठ काफी होता है जैसे किसी प्राणी को इतना असत्य बोल देना की वह अहंकार में आकार आसमान में उड़ने की इच्छा जताने लगे या फिर किसी सफल व्यक्ति को ऊंचाइयों से नीचे गिराना हो या फिर

किसी का सच्चा प्रेम पाने के लिए कोई झूठ कहना हो या किसी के प्रति नफरत का जहर घोलना हो तो सिर्फ एक असत्य कथन पर्याप्त होता है| सदैव सत्य और असत्य के परिणामों के बीच भेद करने के लिए मंशा एवं स्तिथि का आंकलन करना आवश्यक हो जाता है इसका कारण स्पष्ट है की यदि एक असत्य से किसी बिखरे हुए परिवार को साथ में लाया जा सकता है तो वहाँ सत्य असत्य कोई मैने नहीं रखता अपितु परिणाम यदि सकारात्मक है तो यह एक उपलब्धि मानी जाती है| जिस प्रकार किसी नेता के झूठे भाषण देश में दंगे करवाने या लोगों को भ्रमित करने के लिए समर्थ होते हैं उसी प्रकार किसी भी राष्ट्र की रीढ़ की हड्डी को तोड़ना भी आसान हो जाता है यदि किसी भले राजा के चरित्र पर दाग लगाना हो तो झूठे साक्ष्य पर्याप्त होते हैं परंतु सदैव याद रखना चाहिए की एक झूठ को छुपने के लिए और झूठ ना कहने पड़े वरना स्तिथि गंभीर होजाती है इसलिए जीवन में सत्य और असत्य का तराजू संभाल कर रखें जहा असत्य का वजन ज्यादा होगा वह परिस्थितिया अत्यंत कठिन होती जाएगी|

❧❧❧

<u>"Jhooth kaafi hai"</u> *Kavi ki Vyakhya Hinglish translation*
Ham na daanav hain aur na hee devata hain yah kaaran paryaapt hai hamaaree saty aur jhooth ke sang baraabar kee mitrata ko darshaane ke liye. Manushy jhooth kab bolata hai yah nirbhar karata hai usakee dasha evan mansha par yadi usake paas mansha hai to bhee usake antar man tak jhaankane ke uparaant hee pata lagaaya ja sakata hai kee vah mansha kuchh sakaaraatmak karane ke lie hai ya kuchh barbaad karane ke liye. Yah aavashyak nahin hai kee yadi koee praanee jhooth bol raha hai to vah ek bura vyakti hai

usake peechhe kee sthiti ko samajhane ke uparaant hee kisee nishkarsh tak pahuncha ja sakata hai kyoonkee ek asaty vachan kisee kee paristhiti ko bigaadane ya sambhaalane ke lie kaaphee hota hai. Yadi kisee ke praan bachaane ke lie asaty kaha jae to vo paap nahin hai, yadi kisee ko saahas dene ke lie asaty kaha jae to vah koee gunaah nahin apitu puny karm hai. Ham shree krshn ko aadarsh maanate hai kya ham unhen unake dvaara bole gae anaginat asatyon ke aadhaar par maapate hain? Nahi, kyoonkee bhagavaan shree krshn kee mansha srshti ka uddhaar karane kee thee na kee usaka vinaash usee prakaar kisee maanav ke dvaara bol jaane vaala asaty usakee tatkaaleen stithi par nirbhar karata hai. Kisee vyakti ko khush karane ke lie bol jaane vaala jhooth ya kisee kee himmat ko badhaava dene ke lie bol gaya asaty koee paap nahin kintu isake vipareet kisee vyakti ko nasht karane ke lie ya usake saahas ko todane ke lie bol gaya asaty usee prakaar ka mahaapaap hai jis prakaar dharmaraaj yudhishthir ne guru dronaachaary se yuddh jeetane ke lie unake priy putr ashvatthaama kee mrtyu ke sandarbh mein bola tha. Kisee bhee ghatana ko achchha ya bura roop dene ke lie sirph ek jhooth kaaphee hota hai jaise kisee praanee ko itana asaty bol dena kee vah ahankaar mein aakaar aasamaan mein udane kee ichchha jataane lage ya phir kisee saphal vyakti ko oonchaiyon se neeche giraana ho ya phir kisee ka sachcha prem paane ke lie koee jhooth kahana ho ya kisee ke prati napharat ka jahar gholana ho to sirph ek asaty kathan paryaapt hota hai. Sadaiv saty aur asaty ke parinaamon ke beech bhed karane ke lie mansha evan stithi ka aankalan karana aavashyak ho jaata hai isaka kaaran spasht hai kee yadi ek asaty se kisee bikhare hue parivaar ko saath mein laaya ja sakata hai to vahaan saty asaty koee maine nahin rakhata apitu parinaam yadi sakaaraatmak hai to yah ek upalabdhi mani jaatee hai.Jis prakaar kisee neta ke jhoothe bhaashan desh mein dange karavaane ya logon ko bhramit karane ke lie samarth hote hain usee prakaar kisee bhee raashtr kee reedh kee haddee ko todana bhee aasaan ho jaata hai yadi kisee bhale raaja ke charitr par daag lagaana ho to jhoothe saakshy paryaapt hote hain parantu sadaiv yaad rakhana chaahie kee ek jhooth ko chhupane ke lie aur jhooth na kahane pade varana stithi gambheer hojaatee hai isalie jeevan mein saty aur asaty ka taraajoo sambhaal kar rakhen jaha asaty ka vajan jyaada hoga vah paristhitiya atyant kathin hotee jayegee.

10. एक आईना

एक आईना मेरे समक्ष पूरी ज़िंदगी दिखा रहा है ,
मौत के करीब हूँ फिर भी जिंदा जला रहा है |
आज मैं इस दुनिया में आया हूँ ,
संग में कुछ खुशियाँ भी लाया हूँ |
पिता की आँखों में खुशी, माँ के चेहरे पर मुस्कान है ,
परंतु मेरी आँखें फिलहाल बंद है, इसलिए सब वीरान है |

{Ek ainaa mere samaksh poori zindagi dikha raha hai,
Maut ke kareeb hoon phir bhee jinda jala raha hai
Aaj main is duniya mein aaya hoon,
Sang mein kuchh khushiyaan bhi laaya hoon
Pita ki aankhon mein namee, maa ke chehare par
muskaan hai,
Parantu meri aankhein filahaal band hai, isliye sab
veeraan hai}

जब उम्र बढ़ी है तो थोड़ी समझ भी आई है ,
इस जीवन के आईने ने आज सच्चाई दर्शाई है |
बहन के ब्याह की चिंता भी सबको सताई है,
भाई कुछ पैसों के खातिर घर से बाहर है |
पिता के कंधों पर कमाने का भार है ,
माँ के सर पर घर की जिम्मेदारियाँ बेशुमार हैं |

{Jab umra badhi hai to thodi samajh bhi aayi hai,
Iss jeevan ke aaeene ne aaj sachchai darshayi hai

Behen ke byaah ki chinta bhi sabko sataee hai,
Bhai kuchh paison ke khaatir ghar se baahar hai
Pita ke kandhon par kamaane ka bhaar hai,
Maa ke sar par ghar ki zimmedaariya beshumaar hain}

❧ ❧ ❧

मैं कमजोर न पड़ जाऊँ इसलिए माँ मुसकाती है ,
मेरा पेट भरकर खुद भूखी सो जाती है ।
मैं कुछ बन जाऊँ इसलिए पिता रौब दिखाते हैं ,
अकेले में रोते लेकिन जिम्मेदारियाँ सारी निभाते हैं ।
जीवन में दिक्कत जब भी आई मुझे माँ को याद किया है ,
हर कठिन मोड पर मेरे पिता ने भी साथ खूब दिया है ।
{Main kamzor na pad jau isliye maa musakaati hai,
Mera pet bharkar khud bhookhi so jaati hai
Main(i) kuchh ban jau isliye pita raub dikhaate hain,
Akele mein rote lekin zimmedaariyaan saari nibhatey
hain
Jeevan mein dikkat jab bhi aayi mujhe maa ko yaad
kiya hai,
Har kathin mod par mere pita ne bhi saath khoob diya
hai}

❧ ❧ ❧

अब भार उठाते - उठाते पिता के कंधे थक चले हैं ,
अब धीरे - धीरे कमजोर ये भी होने लगे हैं ।
माँ भी अब कष्टों से हार कर बिस्तर की ओर चल पड़ी है ,
उसके चेहरे की मुस्कान सी रौनक अब फीकी हो चली है ।
मेरे माँ बाप ने अपनी जिम्मेदारियाँ अच्छे से निभाई हैं ,
अब साथ उनका देने की बारी मेरी आई है ।

{Ab bhaar uthaate - uthaate pita ke kandhe thak chale hain,
Ab dheere - dheere kamazor ye bhi hone lage hain
Maa bhi ab kashton se haar kar bistar ki or chal padi hai,
Usake chehare ki muskaan si raunak ab feekee ho chali hai
Mere maa baap ne apne zimmedaariyaan achchhe se nibhayi hain,
Ab saath unka dene ki baari meri aayi hai}

❧❧❧

धीरे - धीरे माँ भी छोड़ कर चली गई है ,
समय के साथ आज पिता भी जा चुके है |
इस जटिल जीवन के पहिये ने जकड़ मुझको भी है ,
मेरा जीवन भी अब इस उम्र के अंत पर आ खड़ा है |
आहिस्ता - आहिस्ता रिश्तों की डोर तोड़ रहा हूँ
मद्धम सी रफ्तार से सांसें छोड़ रहा हूँ |
{Dheere - dheere maa bhi chhod kar chali gayi hai,
Samay ke saath aaj pita bhi ja chuke hai
Iss jatil jeevan ke pahiye ne mujhko bhi jakda hai,
Mera jeevan bhi ab is umra ke antt par aa khada hai
Aahista - aahista rishton ki dor tod raha hoon,
Maddham si raftaar se saansein chhod raha hoon}

❧❧❧

अफसोस है आखिरी पल में माँ तेरी गोद का सुकून न मिल पाया ,

पिता जी की नम आँखों से छलकता आशीर्वाद भी ना नसीब हो
पाया ।
वादा रहा पिता निरंतर प्रयास तेरे एहसान चुकाऊँगा ,
माँ फिर से तेरी गोदी में खिलखिलाऊँगा ।
अगले जन्म में फिर से तुम्हारा बेटा बनकर आऊँगा ,
कष्ट सहकर भी अपना हर फर्ज निभाऊँगा ।
*{Afsos hai aakhiri pal mein maa teri goud ka sukoon
na mil paaya,
Pita ji ki nam aankhon se chhalakta aashirwaad bhi na
naseeb ho paaya
Waada raha pita nirantar prayaas kar tere ehsaan
chukaunga,
Maa phir se teri goudee mein khilakhilaoonga
Agle janam mein phir se tumhaara beta bankar
aaunga,
Kasht sahakar bhi apna har farz nibhaunga}*

❧❧❧

सम्पूर्ण हुई समय के संग ये वार्ता,
दुख भरे नयनों से संसार ये इस ओर देख रहा है ।
अब ये जीवन चक्र मुझे खींच साँसों को भींच रहा है ।
ये आईना इस क्षण तक मुझे सींच रहा है ,
एक आईना मेरे समक्ष पूरी ज़िंदगी दिखा रहा है ,
मौत के करीब हूँ फिर भी जिंदा जला रहा है ।
*{Sampoorn huyi samay ke sang ye vaarta,
Dukh bhare nayano se sansaar ye iss or dekh raha
hai
Ab ye jeevan chakra mujhe kheench saanson ko
bheench raha hai*

Ye ainaa is kshan tak mujhe seench raha hai,
Ek ainaa mere samaksh poori zindagi dikha raha hai,
Maut ke kareeb hoon fir bhi zinda jala raha hai}

❧❧❧

"एक आईना" कवि की व्याख्या

यह कविता कवि के द्वारा कीये गए अनुभव एवं एक मृत्यु की ओर जाते व्यक्ति के अंतिम पलों की व्यथा को पिरोने की एक सुंदर कोशिश है| कवि किसी मृत्यु के समीप खड़े व्यक्ति के समक्ष बैठा हुआ है और उस मनुष्य की हर पल थमती साँसों के भीतर छिपे दर्द को महसूस करने की कोशिश कर रहा है| कवि को जीवन चक्र के खेल की अनुभूति होती है और वह महसूस करता है की ये मरने वाला व्यक्ति अपनी अंतिम श्वासों में अपने सम्पूर्ण जीवन को फिरसे जी रहा है और आँखों से निकलता पानी उसके अधूरे कर्तव्यों या सपनों का प्रमाण दे रहे हैं| प्रत्येक क्षण उस व्यक्ति के लिए पीड़ादायक होता जा रहा है वह जनता है की अब मृत्यु को टाला नहीं जा सकता परंतु ईश्वर की माया समझ से परे है क्यूंकी अंतिम समय मे होते हुए भी वह मानव अत्यंत कष्ट में है वह अपनी श्वासों को त्यागना चाहता है परंतु एक काल्पनिक शीशा उसको सम्पूर्ण जीवन दिखाए बगैर जाने नहीं देगा| उसके समक्ष उसका पूरा जीवन दिखने लगता है मानो जैसे कुछ ही पलों में पूर्ण रूप से जी लिया हो, उसका जन्म उसे दिख रहा है उस समय काल में वह अपनी उपस्थिति से कई चेहरों पर मुस्कान एवं कई आँखों में खुशी के आँसू देख पा रहा है उसके पिता भावनाओं को काबू नहीं कर पा रहे हैं और अपनी आँखों से छलकते नीर से अपनी खुशी को व्यक्त कर रहे हैं वहीं माँ भी जन्म देने के बाद उसे देख मुस्कुरा रही है| यहाँ कवि उस व्यक्ति का स्थान लेते हुए हमें सम्पूर्ण अनुभव को दर्शाता है और खुदकों उसके स्थान पर रख हमें बताता है की वो क्या महसूस कर रहा है| वो जब जन्मा

तो बहुत सारी खुशियाँ अपने परिवार को देता हुआ नजर आता है परंतु वो सिर्फ महसूस कर पा रहा है कुछ देख नहीं सकता क्यूंकी उसकी आँखें अभी खुली नहीं हैं जिस कारण से आसपास इतना कुछ होते हुए भी सब खाली सा लग रहा है| कुछ समय बीतने के बाद वो चीजों को समझ पा रहा है उन्हे पहचान करने योग्य बन रहा है जैसे जैसे उसकी उम्र बढ़ रही है उसके बौद्धिक क्षमताओं का विकास हो रहा है और वह वो सब अनुभव कर पा रहा है जो वास्तव में एक कटु सत्य है इस जीवन का| उसे अपनी बहन का ब्याह करना है जिसके लिए धन अर्जित करना आवश्यक है जो वास्तव में एक कठिन कार्य प्रतीत होता है और यही चिंता समस्त परिवारजनों को सता रही है की केसे होगा बहन का ब्याह| उसका भाई भी घर से बाहर रहने लगा है क्यूंकी धन अर्जित करने के लिए कुछ क्रय तो करना अनिवार्य है जिसके कारण उसका भाई अपने घर को त्याग किसी दूसरे शहर में बस्ने जा रहा है| पिताजी की उम्र भी बढ़ रही है परंतु उनके कंधों पर पूरे परिवार का बोझ है जिसे पूरा करना उनका कर्तव्य भी है| घर के पुरुष यदि गृहस्थी को संभालने के लिए साधन अर्जित करते हैं तो घर की महिलायें उनका सहयोग उन साधनों को सही ढंग से प्रयोग करने में करती है माँ और बहन का क्रय भी यही है परंतु यदि पिता की उम्र बढ़ी है तो माता भी अपनी उम्र की गति को रोक नहीं सकती किन्तु माँ अपने घर की सभी जिम्मेदारियाँ पूर्ण करना अपना दायित्व समझती हैं हर कष्ट के बाद भी अपनी शक्ति परिवार को संभालने में लगा देती हैं| कवि यहाँ उस खुशी के पल को ढूँढने की कोशिश में है जो उराके जन्म के दौरान थे क्यूंकी इस जीवन के कुछ क्षण ही तो थे जो चिंता, कष्ट, दुख एवं पीड़ा से भरे नहीं थे परंतु अब समय वापस नहीं जा सकता उसे यह आभास है की समान दायित्व उसे भी निभाना होगा और परिवार का पालन पोषण करने हेतु वो सब करना पड़ेगा जो उसके पिता और भाई कर रहे हैं| वो रिश्तों की गहराई और पवित्रता को महसूस करते हुए ये समझ पाता है

की उसको शक्ति देने के लिए या किसी भी प्रकार की चिंता से दूर रखने के लिए उसकी माँ उसके समक्ष मुसकुराती ही रहती हैं परंतु कवि सब समझता है की केसे माँ अपने पवित्र प्रेम के कारण उसका पेट भरने को खुदकी भूँख कुर्बान कर देती है| पिता भी अपने किरदार के अनुसार ही व्यवहार करते है जितना माँ कोमलता दिखाती है उतना ही पिता अपनी कठोरता दर्शाते हैं ताकि मैं ना भटकूँ| मैं ये जानता हूँ की पिता अपना रौब मुझपर सिर्फ इसलिए दिखाते हैं क्योंकि वो मुझसे अथा प्रेम करते हैं और मेरी सफलता की इच्छा रखते हैं मैंने उन्हें मेरे सामने हमेशा कठोर देखा है परंतु छुपके से उनको अकेले मे रोता भी देख रहा हूँ और यह मुझे बेहद कष्ट पहुँचा रहा है क्यूंकी मेरे जीवन मे जब भी कोई विपदा मुझ पर आती थी तो मैं माँ को पुकार लेता था और वो चुटकियों में मेरे कष्ट हर लेती थी किन्तु जब घनघोर विपदाएं मुझे जकड़ लेती थी तब मेरे पिता ने मुझे उस हर कठिन समय से निकाल लिया है| कवि इस जीवन को पुनः जीते हुए अपनी उम्र के बढ़ते हुए बहाव को भी महसूस कर पाता है और साफ रूप से देख रहा है की उसके पिता अब बूढ़े हो चले हैं परंतु अपने कर्तव्यों का पालन कर रहे हैं उनके कंधे अब ये बोझ उठाने लायक शक्ति अर्जित नहीं कर पा रहे है और साहस देने वाली माँ भी उम्र की माया से कहाँ खुदकों बचा सकेंगी वो भी बीमार रहने लागि हैं हर कष्ट को सहते सहते अब उनका साहस भी दम तोड रहा है उनके चेहरे की वो मुस्कान जो मुझे हर क्षति से बचाने के लिए हमेशा रहती थी अब फीकी पड़ने लागि है आर मैं यह समझ गया हूँ की मेरा भाई जिस प्रकार परिवार को संभाले हुए है उसका सहयोग करने की बारी अब मेरी भी है और ये मेरा कर्तव्य भी है क्योंकि मेरे माता पिता ने अपनी हर जिम्मेदारी को पूरा किया है और उनके अंतिम समय का सहारा मैं ही हूँ| कवि इसके आगे समय की निर्दयी घटनाओं को अनुभव करता है और अब वो समय यज्ञ था जब उसके माता पिता समय के साथ प्रस्थान कर चुके है स्वर्ग

लोक की ओर| उनके जाने के उपरानंत कवि का जीवन भी उसी चक्र का हिस्सा बन जाता है और वो अपने सभी कर्तव्यों का पालन अपने पिता के समान ही करता है लेकिन समय और जीवन का पहिया किसी को नहीं छोड़ता उसने कवि को भी जकड़ा है| कवि उस मृत्यु की ओर जाते हुए व्यक्ति के हाथों की कपकपाहट से अनुमान लगाता है की अंतिम समय में उसकी थमती हुई नाड़ी के साथ उसका जीवन भी अंतिम पड़ाव तक आ पहुँचा है| हर रिश्ता पीछे छूट रहा है और अकेले ही ईश्वर के धाम की ओर प्रस्थान करना है, धीरे धीरे साँसों की रफ्तार थम रही है परंतु अभी तक इस आईने ने अनुमति नहीं दी है क्योंकि अभी प्रायश्चित करना बाकी है| कवि को अंतिम समय में इस बात का कष्ट है की उसका जन्म जिस ब्रह्मांड रूपी माँ की गोद में हुआ था उसी स्थान पर मृत्यु प्राप्त ना हो सकी और ना ही उस देवता रूपी पिता की आँखों से छलकते आँसू से स्नेह भर आशीर्वाद भी नहीं मिल सका| परंतु कवि यह वादा करता है की उसके द्वारा छोड़े गए अधूरे कर्तव्यों को वो फिरसे समान गोद में जनम लेकर पूरा करेगा और पिता के द्वारा कीये गए हर सहयोग का कर्ज लेकर प्रस्थान कर रहा है और अपनी अंतिम श्वासों को त्याग रहा है| कवि की अंतिम यात्रा में बहुत लोग आए हैं जिनकी आँखों में नमी है परंतु अब कुछ कहने की हिम्मत बाकी नहीं है क्योंकि मृत्यु को बहुत समय हो चुका है| अबतक तो अंतिम साँसे सिर्फ ये सत्य दर्शाता आईना ही संभाले हुए था परंतु अब इसके संग भी मेरा रिश्ता खतम होने लगा है अब ये जीवन का अंतिम क्षण मुझे त्यागने को तैयार खड़ा है मैं मार रहा हूँ बहुत कष्ट में हूँ और यह आईना मेरी पीड़ा को और बढ़ रहा है अब मुझे अपने शरीर को त्यागना अनिवार्य है| और इसी के साथ उस व्यक्ति का अंतिम सफर पूर्ण होता है|

<u>*"EkAinaa" Kavi ki Vyakhya Hinglish translation*</u>

Yah kavita kavi ke dvaara keeye gae anubhav evan ek mrtyu kee or jaate vyakti ke antim palon kee vyatha ko pirone kee ek sundar koshish hai. Kavi kisee mrtyu ke sameep khade vyakti ke samaksh baitha hua hai aur us manushy kee har pal thamatee saanson ke bheetar chhipe dard ko mahasoos karane kee koshish kar raha hai. Kavi ko jeevan chakr ke khel kee anubhooti hotee hai aur vah mahasoos karata hai kee ye marane vaala vyakti apanee antim shvaason mein apane sampoorn jeevan ko phirase jee raha hai aur aankhon se nikalata paanee usake adhoore kartavyon ya sapanon ka pramaan de rahe hain. Pratyek kshan us vyakti ke lie peedaadaayak hota ja raha hai vah janata hai kee ab mrtyu ko taala nahin ja sakata parantu eeshvar kee maaya samajh se pare hai kyoonkee antim samay me hote hue bhee vah maanav atyant kasht mein hai vah apanee shvaason ko tyaagana chaahata hai parantu ek kaalpanik sheesha usako sampoorn jeevan dikhae bagair jaane nahin dega. Usake samaksh usaka poora jeevan dikhane lagata hai maano jaise kuchh hee palon mein poorn roop se jee liya ho, usaka janm use dikh raha hai us samay kaal mein vah apanee upasthiti se kaee cheharon par muskaan evan kaee aankhon mein khushee ke aansoo dekh pa raha hai usake pita bhaavanaon ko kaaboo nahin kar pa rahe hain aur apanee aankhon se chhalakate neer se apanee khushee ko vyakt kar rahe hain vaheen maa bhee janm dene ke baad use dekh muskura rahee hai. Yahaan kavi us vyakti ka sthaan lete hue hamen sampoorn anubhav ko darshaata hai aur khudakon usake sthaan par rakh hamen bataata hai kee vo kya mahasoos kar raha hai| vo jab janma to bahut saaree khushiyaan apane parivaar ko deta hua najar aata hai parantu vo sirph mahasoos kar pa raha hai kuchh dekh nahin sakata kyoonkee usakee aankhen abhee khulee nahin hain jis kaaran se aasapaas itana kuchh hote hue bhee sab khaalee sa lag raha hai. Kuchh samay beetane ke baad vo cheejon ko samajh pa raha hai unhe pahachaan karane yogy ban raha hai jaise jaise usakee umr badh rahee hai usake bauddhik kshamataon ka vikaas ho raha hai aur vah vo sab anubhav kar pa raha hai jo vaastav mein ek katu saty hai is jeevan ka. Use apanee bahan ka byaah karana hai jisake lie dhan arjit karana aavashyak hai jo vaastav mein ek kathin kaary prateet hota hai aur yahee chinta samast parivaarajanon ko sata rahee hai kee kese hoga bahan ka byaah. Usaka bhai bhee ghar se baahar rahane laga hai kyoonkee dhan arjit karane ke lie kuchh kray to karana anivaary hai jisake kaaran usaka bhai apane ghar ko tyaag kisee doosare shahar mein basne ja raha hai. Pitaajee kee umr bhee badh rahee hai parantu unake kandhon par poore parivaar ka bojh hai jise poora karana unaka kartavy bhee hai. ghar ke purush yadi grhasthee ko sambhaalane ke lie saadhan arjit karate hain to ghar kee mahilaayen unaka sahayog un saadhanon ko sahee dhang se prayog karane mein karatee hai maa aur bahan ka kray bhee yahee hai parantu yadi pita kee umr badhee hai to maata bhee apanee umr kee gati ko rok nahin sakatee kintu maa apane ghar kee sabhee jimmedaariyaan poorn karana apana daayitv samajhatee hain har kasht ke baad bhee apanee shakti parivaar ko sambhaalane mein laga detee hain. Kavi yahaan us khushee ke pal ko dhoondhane kee koshish mein hai jo usake janm ke dauraan the kyoonkee is jeevan ke kuchh kshan hee to the jo chinta, kasht, dukh evan peeda se bhare nahin the parantu ab samay vaapas nahin ja sakata use yah aabhaas hai kee samaan daayitv use bhee nibhaana hoga aur parivaar ka paalan poshan karane hetu vo sab karana padega jo usake pita aur bhai kar rahe hain. vo rishton kee gaharaee aur pavitrata ko mahasoos karate hue ye samajh paata hai kee usako shakti dene ke liye ya kisee bhee prakaar kee chinta se door rakhane ke lie usakee maa usake samaksh musakuraatee hee rahatee hain parantu kavi sab samajhata hai kee kese maa apane pavitr prem ke kaaran usaka pet bharane ko khudakee bhoonkh kurbaan kar detee hai| pita bhee apane kiradaar ke anusaar hee vyavahaar karate hai jitana maa komalata dikhaatee hai utana hee pita apanee kathorata darshaate hain taaki main na bhatkoon. main ye jaanata hoon kee pita apana raub mujhapar sirph isalie dikhaate hain kyonki vo mujhase atha prem karate hain aur meree saphalata kee ichchha rakhate hain mainne unhen mere saamane hamesha kathor dekha hai parantu chhupake se unako akele me rota bhee dekh raha hoon aur yah mujhe behad kasht

pahuncha raha hai kyoonkee mere jeevan me jab bhee
koee vipada mujh par aatee thee to main maan ko
pukaar leta tha aur vo chutakiyon mein mere kasht har
letee thee kintu jab ghanaghor vipadaen mujhe jakad
letee thee tab mere pita ne mujhe us har kathin samay
se nikaal liya hai. kavi is jeevan ko punah jeete hue
apanee umr ke badhate hue bahaav ko bhee mahasoos
kar paata hai aur saaph roop se dekh raha hai kee
usake pita ab boodhe ho chale hain parantu apane
kartavyon ka paalan kar rahe hain. Unake kandhe ab
ye bojh uthaane laayak shakti arjit nahin kar pa rahe
hai aur saahas dene vaalee maan bhee umr kee maaya
se kahaan khudakon bacha sakengee vo bhee beemaar
rahane laagi hain har kasht ko sahate sahate ab unaka
saahas bhee dam tod raha hai unake chehare kee
vo muskaan jo mujhe har kshati se bachaane ke lie
hamesha rahatee thee ab pheekee padane laagi hai
aar main yah samajh gaya hoon kee mera bhai jis
prakaar parivaar ko sambhaale hue haiusaka sahayog
karane kee baaree ab meree bhee hai aur ye mera
kartavy bhee hai kyonki mere maata pita ne apanee har
jimmedaaree ko poora kiya hai aur unake antim samay
ka sahaara main hee hoon. kavi isake aage samay
kee nirdayee ghatanaon ko anubhav karata hai aur ab
vo samay yagy tha jab usake maata pita samay ke
saath prasthaan kar chuke hai svarg lok ki or. Unake
jaane ke uparaanant kavi ka jeevan bhee usee chakr
ka hissa ban jaata hai aur vo apane sabhee kartavyon
ka paalan apane pita ke samaan hee karata hai lekin

samay aur jeevan ka pahiya kisee ko nahin chhodata usane kavi ko bhee jakada hai. Kavi us mrtyu kee or jaate hue vyakti ke haathon kee kapakapaahat se anumaan lagaata hai kee antim samay mein usakee thamatee huee naadee ke saath usaka jeevan bhee antim padaav tak aa pahuncha hai. har rishta peechhe chhoot raha hai aur akele hee eeshvar ke dhaam kee or prasthaan karana hai, dheere dheere saanson kee raphtaar tham rahee hai parantu abhee tak is aaeene ne anumati nahin dee hai kyonki abhee praayashchit karana baakee hai. kavi ko antim samay mein is baat ka kasht hai kee usaka janm jis brahmaand roopee maan kee god mein hua tha usee sthaan par mrtyu praapt na ho sakee aur na hee us devata roopee pita kee aankhon se chhalakate aansoo se sneh bhar aasheervaad bhee nahin mil saka. parantu kavi yah vaada karata hai kee usake dvaara chhode gae adhoore kartavyon ko vo phirase samaan god mein janam lekar poora karega aur pita ke dvaara keeye gae har sahayog ka karj lekar prasthaan kar raha hai aur apanee antim shvaason ko tyaag raha hai. kavi kee antim yaatra mein bahut log aae hain jinakee aankhon mein namee hai parantu ab kuchh kahane kee himmat baakee nahin hai kyonki mrtyu ko bahut samay ho chuka hai. Abtak to antim saanse sirph ye saty darshaata aaeena hee sambhaale hue tha parantu ab isake sang bhee mera rishta khatam hone laga hai ab ye jeevan ka antim kshan mujhe tyaagane ko taiyaar khada hai main maar raha hoon bahut kasht mein hoon aur yah aaeena meree peeda ko aur badh raha hai ab mujhe apane shareer ko tyaagana anivaary hai| aur isee ke saath us vyakti ka antim saphar poorn hota hai.

समाप्ति (the End)

❧❧❧

THANK YOU

Dear readers

धन्यवाद

प्रिय पाठक

❧❧❧

www.ingramcontent.com/pod-product-compliance
Lightning Source LLC
Chambersburg PA
CBHW021117130726
47988CB00003B/1059